錢謙益投筆集校本

錢謙益投筆集校本 / 潘重規校著. --初版. --
臺北市：文史哲, 民 104.07 印刷
179 頁 21 公分.
ISBN 978-957-547-741-7 (平裝)

821

錢謙益投筆集校本

校 著 者：潘　重　規
出 版 者：文 史 哲 出 版 社
http:// www.lapen.com.tw
e-mail：lapen@ms74.hinet.net
lapentw@gmail..com
登記證字號：行政院新聞局版臺業字五三三七號
發 行 人：彭　正　雄
發 行 所：文 史 哲 出 版 社
印 刷 者：文 史 哲 出 版 社
臺北市羅斯福路一段七十二巷四號
郵政劃撥帳號：一六一八〇一七五
電話886-2-23511028 · 傳真886-2-23965656

定價新臺幣二六〇元

一九七三年（民六十二）六 月 初 版
二〇一五年（民一〇四）七月初版二刷

ISBN 978-957-547-741-7　88403

錢謙益投筆集校本題辭

牧齋投筆集，傳世極稀。四十年前，張公溥泉以所藏抄本示　先師黃君，曾於侍坐頃一見之。結想逾深，時縈魂夢。往歲觀書國立中央圖書館，乃獲覩抄本投筆集二帙。一在牧齋有學集補遺中，有焦氏藏書印。一為陳仁櫟手校本，卷尾題記云：「戊辰二月望，以錢遵王箋注本手校一過」，末鈐陳仁櫟朱印。戊辰為康熙二十七年，知陳氏所見有學集箋注底本，投筆集確在其中。惟遵王印行箋註時，慎不敢刻。今有學集卷十紅豆二集之末，有後秋興八首，注云：「八月初十日，小舟夜渡惜別作」，殆刪而未盡，或有意攙入，未敢質言。然觀有學集卷十二秋日雜詩云：「旁行側理紙，堆積秋興篇，發興己亥秋，未卜斷手年」，是牧齋明以和杜自為一集，始於反攻，而欲成於復國也。陳抄字頗工整，又以朱筆點記字側，書所校誤字於眉端。焦氏藏本較草率，亦頗饒勝處。因取與陳抄相校，勘正訛誤，勒成清本。每一長吟，輒覺聲情激越，摩戛蒼穹，大地山河，一時震動，百世之下，有餘哀焉。癸丑元日，婺源潘重規寫定記於九龍又一村鷦鷯一枝之室。

重規案焦本作投筆詩集注云原編第十二卷今集無

規案焦本作金陵秋興之一有批語云之泗案之下疑奪一字

焦本乙作己

塞

規案焦本愁作秋

投筆集卷上

虞山蒙叟錢謙益著

金陵秋興八首次草堂韻乙亥七月初一作

龍虎新軍舊羽林八公草木氣森森樓船蕩日三江湧石馬嘶風九域陰穴掃金陵還地肺埋胡紫石慰天心太白樂府詩云懸胡清天上埋胡紫塞旁長干女唱平遼曲萬户愁聲息擣碪

雜虜橫戈倒載斜依然南斗是中華金銀舊識

秦淮氣雲漢新通博望槎黑水游魂啼草地白
山新鬼哭胡笳十年老眼重磨洗坐看江豚蹴
浪花
大火西流漢再暉金風初遝△朔聲微溝填羯肉
那堪鸞竿挂胡頭豈解飛高帝旌旗如在眼長
沙弟△子肯相違名王俘馘生兵盡敢道秋高牧
馬肥
九州一失算殘棋幅裂區分信可悲局內正當

再漢風聲

規案焦本遝作勁

規案焦本弟子作子弟

規案集本部下有注云一作百

廓

侵刼後人間都道爛柯時住山師予頻申久起
陸龍蛇撇捩遲殺盡羯奴纔斂手推枰何用更
尋思
壁壘參差疊海山天兵照雪下雲間生奴八部
憂懸首死虜千秋悔入關自註僞四王子遺言戒
勿入関東人至今傳之箕尾廓清還斗極鶉頭
送喜動天顏枕戈席藁孤臣事敢擬逍遙供奉
班

規案焦本肥作淝
焦本淚作涕注云一作淚
焦本好作教
規案焦本經作驁
夸　焦本夸作夷
誰　讙
吹　撇

戈船十萬指吳頭太白芒寒八月秋肥△水共傳
風鶴警台城無那紙鳶愁白頭應笑皆遼豕黃
口誰容作海鷗為報新亭無淚△客好△收殘淚覽
神州
鈐索經傳航海功秋宵蠟炬井梧中馮夸怒擊
前潮鼓颶母讙催後鷁風蛟吐陣烟撇浪黑猩
殷袍血射波紅秦淮賣酒唐時女醉倒開元鶴
髮翁

金刀復漢事逶迤黃鵠俄傳反覆陂鴻源陂謠
曰反乎覆陂當復誰言者兩黃鵠武庫再歸三
尺劍孝陵重到萬年枝天輪只傍丹心轉日駕
全憑隻手移孝子忠臣看異代杜陵詩史汗青
垂自註少陵諸將入朝歌云周宣漢武今王是
孝子忠臣異代看

長

後秋興八首之二八月初二聞警而作

規案集本作復秋興二之一

伏

王師橫海陣如林士馬奔馳甲伏森戒備偶然

竟

儆

飭

矩案集本偏作編

踈壁下偏師何意潰城陰憑將按劔中軍令更
捶鞞刀警士心野老更闌愁不寐誤聽刁斗作
秋碪
羽檄橫飛建布斜便應一戰決戎華戈船迅比
追風驃戎壘高於貫月槎偏戶爭傳歸漢籍死
声早已入胡笳江天夜報南沙火簇簇銀燈滿
盞花
龍河漢熾散沈暉萬歲樓邊候火微卷地樓船

算　警　戒

橫海去射天鳴鏑夾江飛揮戈不分旌頭在反旆其如馬首違嚙指奔逃看靺鞨重收魂魄飽甘肥

由來國手筭全棋數子拋殘未足悲小挫我當嚴儆候驟驕彼是滅亡時中心莫為斜飛動堅壁休論後起遲換步移形須着眼棋於誤後轉堪思

兩戒關河萬里山京江天塹屹中間金陵要莫

錢鏡　顧　固　丸九

規案焦本頭下注云一作笑非頭

南朝鼎錢甕須爭北固關應以縷九臨峻坂肯將傳舍抵孱顏荷鋤父老雙含淚愁見橫江虎旅班

吳儂看鏡約梳頭△野老壺漿潔早秋小隊誰教投双去胡兵翻為倒戈愁自註營卒從諸首長皆袖網巾纏帽未及倒戈而還爭言殘羯同江鼠自註萬曆末年有北鼠渡江異近皆銜尾而北忽見遺黎逐海鷗京口偏師初破竹蕩船木

柹下蘇州

十載傾心一旅功御槍原廟夢魂中自註南內舊存高皇帝手御鐵槍每思撤豆成營壘更欲吹毛布雨風淮水氣連天漢白鍾離雲捧帝車紅南宮圖頌丹鉛在辜負秋窓老禿翁

艱難恢復勢逶迤蟻穴何當潰澤陂駝馬已臨迤北路砲車猶護向南枝雷驚犀象牙方長雨送蛟龍宅屢移最喜伏波能整旅封侯佩印許

雙垂　自註是役惟伏波殿後全軍而返

後秋興之三八月初十日小舟夜渡惜別而作

規案有學集借作惜

負戴相携守故林繙經問織意蕭森疏疏竹葉
晴窗雨落落梧桐小院陰白露園林中夜淚青

唄

燈梵唄六時心憐君應是齊梁女樂府偏能賦
藁砧

丹黃狼藉鬢絲斜廿載間關歷歲華取次鉄圍

銀

仙雲

同穴道幾曾雲浦共雲槎吹殘別鶴三声角迸

規案有學集亦作亦
内子盡橐以資之
佽飛
阮姑
汝捉刀侍柳夫人阮
喜而受命
矢
矟

散棲烏半夜笳錯記窮秋是春盡漫天離恨攪
楊花
北斗垣墻闇亦暉誰占朱鳥一星微破除服珥
裝羅漢自註姚神武有先裝五百羅漢之議内
爲子盡橐以資之始成一軍　滅損虀鹽餉佽奴
娘子繡旗營壘倒自註張定西謂阮女娘吾當
派女抱刀侍女夫人阮喜而受命舟山之役中
流矢而殞惜哉　將軍鐵矟鼓音違自註乙未入

山

月神武血戰死崇明城下須眉男子皆臣子秦越何人視瘠肥自註夷陵文相公來書云云

閨閣心懸海宇棋每於方罫繫歡悲乍傳南國長馳日正是西窗對局時漏點稀憂兵勢老燈花落笑子声遲還期共覆金仙譜桴鼓親提慰我思

水擊風摶山外山前期語盡一杯閒五更噩夢飛金鏡千疊愁心鎖玉關人以蒼蠅汙白璧天

規案有學集衣朱作衣珠
差作蓋

大火

判拚

貫

神

規案有學集指作抵

抵

将市虎試朱顏衣朱曳綺留都女差殺當年瞿
茀班
歸心共折火刀頭别淚闌干誓九秋皮骨久拚
猶貫宛
丁亥歲有和東坡西台韵詩
容顏減盡
但餘愁摩天肯悔雙黃鵠帖水翻輸兩白鷗更
有閑情攬腸肚為余輪指算并州
此行期奏濟河功架海梯山指掌中自許揮戈
迴晚日相将把酒賀春風墻頭梅蕊流窓白甕

少

周

觀　規案官疑當作宫

先　規案焦本之四作四之一

規案焦本𢌞作廻規疑當作迴

規案嘶當作哳

面蒲萄玉盞紅一割忍忘歸隱約夕陽原是釣魚翁

臨分執手語逶迤白水旌心視此陂一别正思紅豆子雙棲終向碧梧枝盤州四角言難罄局定中心誓不移趣觀兩官應慰勞紗燈影裏淚先垂

後秋興之四　中秋夜江村無月而作

淅淅斜風𢌞隔林悲哉秋氣倍蕭森過禽啁嘶

規案焦本退作逼注云一作隔
規案焦本緊作惻
規案光清疑當作清光
面
騫 蹇 撞 衝
規案焦本卻作却
規案烏當作烏

衝兵氣宿烏離披退瞑陰人倚片雲投海角天收圓月護江心今宵思婦偏悽緊幸少光清照夕磧

穴佈江風吹雨斜槿籬門內尚中華蒼涼伍員蘆中客浩蕩張騫海上槎弦急衝胸懸杵臼火炎衝耳簇簫笳刀光歛映懵驕度瞪目猶飛滿眼花

牛背寒鴉卻夕暉夜烏啼罷暗蛩微酒醒乍訝

規案焦本庄作莊

骸

腰

暗

孤燈爆夢斷猶驚折翼飛貝闕珠宮何處是漁
庄△蟹舍與心違祇應老似張丞相捫摸殘鬚笑
体肥 自註余身素瘦削今年朕圍忽肥客有張
丞相之謔

身世渾如未了棋桑榆策足莫傷悲孤燈削柹
丸書閒道吹簫乞食時雨漠蘆中双槳急月明
江上片帆遲荒雞喚得誰人舞只為衰翁攪夢
思夜 按夜字在丸書字下

宗

石龜懷海感崐山二老因依板蕩間自註懷雲間許給事也陸機詩石龜尚懷海我寧忘故鄉蓋不忘宋國之意最好竹枝歌一曲共憐荷葉限雙關自註君與余皆苦耳聾故云三年章武紆殘淚半字開元慰別顏攜手行宮應有日看君重點日華班

銀輪只在屋西頭一掌偏能障好秋剪帋不消人世暗撥灰難掃月宮愁黑雲有壘迷烏鵲金

自註宋祖討盧循將戰麾竿折幡沈於水笑曰覆舟之役亦如此吾勝必矣

麾

規案夜征疑當作宵征

水無波洗白鷗最是三分明月夜二分應不屬揚州自註是夕中秋無月兼聞揚州空國避去

幡沈竿折好論功願借前籌玉帳中夜渡放螢然堠火夜征依鵲嘯檣風鬢稀尚要千莖白心折惟餘一寸紅莫忘指揮淮蔡語天津橋畔倚闌翁

旅鄉蘆渚路逶迤竹杖迢迢度葛陂陌柳未舒離別緒庭梧先曳却回枝途危只杖心魂過路

夢

道到垂先

規案集本之五作五之一
村庄作江村

穹

岁才容脚指移自註度險岸岁容脚指江鄉夜
行光景宛然莫到去家猶未遠朝來衣帶已寬
垂

後秋興之五中秋十九日暫回村庄而作

三匝驚烏未出林危柯荒楚鬱蕭森一區環堵
方朝雨四野窮廬尚夕陰自喪乱來餘破胆除
君父外有何心石城又報重圍合少為愁腸緩
急碪

規案焦本裏作裹

霜

皓

禾黍離離蘆荻斜裹△頭遺老問京華共傳淮水
吹商律却指張星望漢槎宛轉牛闌通夜柝參
差牧笛咽双笳濁醪更酌隣雞下挂壁龍身夜
吐花
五嶺三湘告景暉西方誰謂好音微烏瞻華屋
謀重止燕語雕梁悔別飛妖鼠浮江占地改歲
星去國報天違高曾奕葉恩波在忍忘乘堅與
策肥

燈局 黯暗

睹賽

慰

規案焦本憑作應

浣

起手曾論一著棋明局空局暗生悲蕭疏齒髮凋殘日突兀乾坤賭寨時海水怒飛龍起急天梁橫截雁來遲盤鋥大有中原約酌酒加餐懋爾思

警蹕遥聞出楚山奮飛直欲詣行間荒墩木葉誰家戍淺水蘆花何處關未得星馳追御宿只憑露布浣愁顏腐儒錯莫從人笑遲暮猶論耿鄧班

禁

頭白那集更白頭況逢秋月又添秋自註本朝
曆日置閏在八月今正是閏月笛飛仄步空傳
恨刀剪吳淞始斷愁半壁東南餘虎兕百年臣
子總鳧鷗兔園斷熳芝蔴鑑臨猶聞起一州極
亂流深惜濟川功靜嘯悲吟土室中策杖却追
夸父日扁舟還載庶人風戎戎山雨蒙頭白颭
颭魚燈過影紅秋老夜深龍睡熟河邊無恙緯

蕭翁

規案焦本墁作爛
末句作臨極猶聞起一州

規案焦本魚作漁

孤蓬信宿且逶迤白水柴門返故陂丹桂月舒
新結子蒼梧雲護舊封枝歌闌長夜秋方盛語
到胥閭日每移小飲折花重剪燭參旗常並酒
旗垂

規案焦本之六作六之一
初六日作二日

后秋興之六△　九月初△六日泛舟吳門而作

槎枒枯枿矗平林刺眼渾疑戟戟森朔氣亘天
圍大陸金風掠地戰重陰覆蕉野鹿年年夢啼
枕吟蛩夜夜心漏盡水魚声策策依然木葉响△

木
規案焦本响作響

箕　隴　誰

寒碪

愁心落雁共横斜九月繁霜罨鬢華淮水尚沉龍虎氣漢津猶隔斗牛槎夜闌漁蟹篝中火日夕牛羊壠上笳徙倚東籬難撥悶判將竹葉負黃花

秋陽黯淡比寒暉硯匣書床生事微簾幙霜前新燕去窗櫺日隙凍蠅飛吹葭自候雷風動煉石難揞天水違躍馬揮戈竟何意相逢應笑食

言肥
棋罷何人不說棋閒窓覆較總堪悲故應闌塞
蒼黃候未是天公皂白時火井角芒長睒睒日
宮車輦每遲遲腐儒未諳楸枰譜三局深慙壓
帝思
十年戎馬暗青山自竄江村水鳥間錯置漁灣
排信地橫裁虎路抵重關兵殘蝸角頻搔首樂
闕△龍宮一破顏倚杖步蟾△還失笑天街畢昴若

自註宋天文志庾翼與兄冰書云歲星犯天關江東無他故而石虎頻年向闕此復是天公憒憒無皂白之徵也

慙

落

規、笨集本闕作闌
規、宋蟾疑當作簷

規案集本紛紛作紛非規
疑當作紛飛

蔡

顧雇　大天

規案集本間作閒
狱

為班

黃葉紛紛溝水頭白雲蕭瑟自高秋餘年且問
雞豚社故國空餘稻蟹愁匣裏兵符憑語雀鏡
中衰髮亂羣鷗荒陂誰惱眠鵞鴨午夜喧声似

葵州

全軀喪亂有何功雇賃餘生天造中心似吳牛
猶喘月身如魯鳥每禁風驚弓旅雁先霜白染
血楓林背日紅間向侏儒論世事欲憑長秋問

翁

天州自註是歲有長人起遼海大掠而去

長吟坦腹笑逶迤清濁誰量千傾陂馬櫪可能
隤莫齒鷦棲聊復揀深枝班荊地上秋風過仆
表花間日影移要勒浯溪須老手朕閣研削為
君無

規案焦本手作錢規疑當作箋錢牧齋自稱箋後人廣韻箋錢即淺切

後秋興之七 庚子中秋作

規案焦本之七作七之二

八桂盤根珠樹林蜑烟蠻雨助蕭森天高星紀
連環衛日入神光起燭陰交脛百夸齊舉踵貫

夸

歐

歌 規案箋本隆作龍注云一作隆

三

旌 旌

酒 醉

闈

胸萬國総心傾辛勤爭似三桑女甌盡機絲應

擣碪

軒轅邱畔矢歌斜望盡窮山隱翠華却喜九隆

歸日御誰從天寶訪星槎願同筞馬扶車輦欲

傍旌牛聽鼓笳清醉一鍾拚醉倒恰如重探杏

闈花

重華又報日重暉中路何曾歎式微高廟肅将

三矢命定陵快覩五雲飛即着靈武收京早轉

恨親賢授鉞遑自註指甲申春李忠文監國分封之議

翹首南天頻送喜丹魚紅蟹亦爭肥

破碎江山惜舉棋斜飛一角總堪悲可憐帝上楸枰局便是軍前畫笏時帳殿咨嗟如宿昔芒鞋奔命轉稽遲誰將姑婦中宵語借箸從容起睿思

扶桑高柱大荒山交會朱明在此間神向南條迴地落帝於北戶啟天顏雨疏象迹周嚴警日

鞵 規案集本命作赴 起作啟

絡落 闕顏

規案集本蜒作蜓

御顏

規案集本常作長

盡盡 徼邊

連 風字下

射蛟蜒△展玉闕五服諸侯休后至司徒先領入
朝班

星星斷髮不遮頭霜髩何須怨凜秋攬鏡頻過
五嶺路挽眉常△綰九疑愁山家柵寨憑麋鹿海
戶提封盡鷺鷗莫指職方論邊塞炎州今日是
神州

棧鐘掘地報成功王氣還占牛斗中入日自應
歸出日朔風那許競炎風雲法從鰲身黑「氣」照

陂 馘 庇

水神燈魚眼紅閙把竹書論運命寒窓絕倒白
頭翁
元戎師律整逶迤誓旅先期渡芍時一柱補天
撐大厦九陽浴日選高枝名王獻國圖新繪叛
帥焚身墩久移薄海兒童知李令肯教唐史獨
昭垂

投筆集卷上終

規案焦本之八作八之一初下有「一日」二字水下有「山莊」二字

謁

投筆集卷下

虞山蒙叟錢謙益著

后秋興之八 庚子陽月初拂水拜墓作

短棹輕篷黃葉林天涯戰戟自森森朝陽已躍南離日晝謁猶北陸停陰笛裏關山牽昔夢燈前兒女負初心遐方巡守無消息樹樹啼烏夜宿碪

秋風摵摵帽簷斜野老蘺前數物華青鏡百年

孤

經

水 故 迴 回

社

剁 剝 外 内

双白髮黃河千里一枯槎挽回兵氣霜前雁吹
動雄心日暮笳有客逕過論漢史西京曾記上
林花

故國冥濛秋日暉渚宮行殿遠霏微巡回每歎
林烏宿促數頻看在燕飛戰決蟻封多勝負卜
占雞骨少從違頻年射獵無朋侶贏得高原雉
兎肥

摵戶秋聲剝啄棋驚心局內轉傷悲每於典籍

迴

規案僞本容作雲

滯

彴

論終古只道乾坤似昔時已破關河惆悵在未
招魂魄却回避長明燈上諸天近時有空音答
仰思
滄江茅屋舊家山身與秋容共數間三卷陰符
留麥飯一九函谷掩柴關黃沙馬革羞無淚白
首鷹揚笑駐顏夢到紅雲深殿裏玉皇新點侍
宸班
溝水流離似隴頭踈籬斷約不禁秋關心風月

鈎牽恨開眼江山挾帶愁龍鬥捎天悲穴鼠鳶飛跕水羨眠鷗泛泛禹跡無憑準自剔殘燈畫九州

烏

一

規案焦本附作柎當作拊

配天列聖萬年功弓劍衣冠覆載中赤羽九羽齊捧日白翎二鳥亦呼風金山御氣千年紫銀海神燈乙夜紅看盡諸臯應附△手官家終古鳫劉翁

自註酉陽諾臯記天翁姓張名堅漁陽人蜀志張温問秦宓曰天有姓乎宓曰劉温曰何

其
憶漢
直盖
規案集本朕作騰
規案集本之九作九之一十九作十月望日下有而作二字
自

以知之宓曰天子姓劉故知之
江村隈隩水逶迤白首長吟漢羙陂龍鳥踈窓
温漢語林烏客葉揀南枝狐驚篝火嗚呼數犬
眞傳更戍守移莫笑牧兒思曲盡夢闌朕帶有
魚垂

后秋興之九庚子十九望日
桂樹參差覆羽林天容玉册自森森甘淵定有
長生日冥谷終無不散陰命將出車小雅頌磨

花

社梧

厓刻石老臣心元和盛世省圖畫鹵簿前頭夾
斧碪
規外星辰落落斜參旗井鉞建高華洱河北上
通雲漢遼水東迴接海槎嘯月嶺猿催畫角嘶
風胡馬咽悲笳吳儂莫向天南笑鐵樹頻年已
放花自註吳人笑事難成者云鐵樹開不知南
中實有之
開元三葉正流暉桂舍胡風應紫微追急稻畦

銖

鳩杖指寢甘榕殿鳥工飛五株當復神咸許十
世將興帝不違日角共傳如烈祖遐方遙喜御
容肥
三陳凋殘御製棋自註宋太祖御製棋譜三陳
三勢皆有深旨　祖宗睠顧不勝悲可知仙杖巡
游日還是鈞天謁請時八樹分茅朱噣永六龍
擁駕赤烏遲殊方未及櫻桃薦寢廟應深白露
思

今末派

徼外行宮隔萬山朱光只在兩河間可今末派
黿魚種郤踞中原虎豹闗槃木自來歌漢德哀

規案焦本坦作垣布作步

牢先許識天顏扵今坦△市無推布△雲漢遙占鵑
首班

發兵每嘆白人頭況復艱危歷九秋比景即看

成

城內地瀾滄能免為他愁衣冠未許羣羌燹國
土終難寄海鷗歡息祖宗規畫遠西南容易棄
交州

錫　賜　已以

玄　玄

咏

規案元當作玄

星　依

麟閣今誰第一功康侯三賜在師中洗兵以驗軍前雨仗鉞先占夢裡風劍負斗文芒氣白香蟠心字篆烟紅元漿匏脯相僕切扶杖應憐未死翁　自註豫州父老歌祖逖云元酒忘勞甘匏脯何以慰思歌且舞

舊京城闕勢逶迤元武湖清皇子陂玉燕龍宮將數子金燈雁塔涌千枝移星御幄垣墻列日按行營次舍移種柳合圍同望幸殘條秃鬢總

規案蕉本之十作十之一

規案蕉本寨作塞

漢

新

交垂

后秋興之十 辛丑二月初四日夜宴述古堂酒罷而作

光風忽漫轉寒林歲旅重光氣蔚森八極地標
銅柱界四游天覆鐵橋陰闕河夜探還宮曲花
鳥春田望帝心長白一山仍漢寨卅年松柏怨
秋砧

閣道心移鶉尾斜朔南寰宇仰重華星張日矢
天王陣鳳蓋龍舟帝子槎遼海月明傳漢箭榆

規案焦本奮作奪

烏鳥 急觴忽双 星心

規案焦本例作倒

闕秋老斷胡笳而今建女無顏色奮盡燕支插
柰花
碧天朗朗見餘暉 自註武肅王還鄉歌碧天朗
朗兮變日暉 把酒前除酹太微梁燕睡翻新曲
語林烏棲趁忽双飛津河絡角逢心遠牛斗光
芒孛氣違 自註歌云牛斗無孛人無欺却笑帝
羓成例載髑髏生草不能肥
毳帳喧呼夜賭棋朝來剺面枕尸悲那知霧塞

鬚須　輟罷

規案集本窮作穹

在

規案璧當作壁

規案集本裏作裹

飈回候乍見天開地裂時草外流人歡服匿御
前和尚泣軍遲街須引頭多元老哭到窮廬罷
論思
雲台高築黥蒼山異姓勛名李郭間整東交南
新象馬愜張遼左舊河關蓬蒿茇舍邊行社布
帛衣冠仰帝顏鄭壁許田須努力莫令他日後
周班
辮髮胡姬學裹頭朝歌夜獵不知秋可憐青冢

新

規案焦本鏡作鐃

撐

規案焦本杖作仗

孤魂恨也是幽蘭一爐愁銜尾北來真似鼠梳
翎東去不如鷗而今好擊中流楫已有先声達
豫州
旄頭摧滅豈人功太白星占應月中掃蕩沉暉
元夕大氣吹殘朔早春風揭空鏡△鼓催花白攪
海魚龍避酒紅從此撐犁辭別號也應飛盞賀
天翁
營巢抱蘭歎逶迤憑杖△春風到射陂日吉早時

論北伐月明今夕穩南枝鞍因足弱攀緣上墩
為頭風指頫移傳語故人開口笑莫因晚晚嘆
西垂

后秋興之十一 辛丑歲逼除作時有紅豆村庄徙居半野堂絳雲餘燼處

規案集本之十一作十二之一 有作自 庄作莊

已

當風一葉戰曾林撫几孤懷抱鬱森老屋空亭
籠壁响窓疏隙紙劃燈陰雞豚麥飯荒江涘粔
籹椒盤故舊心噩夢驚回成獨語誰於寒夜擣

規案集本响作響 隙下有注云一作裂

規案集本舊作老注云一作舊

規案焦本分條作條分 小下
注云一作登 騁望下注云一作
墨攬
不藏 故下注云一作穴 橫下
注云一作頻 作作鑿 鼓
下注云一作騰漢塞 閒拈
蘆管壓吹笳注云一作吹
風畫角轉胡笳

規案焦本荒注云一作蒼

規案焦本揖注云一作擊

孤碪

分野分條劃界斜數行朱麥攬中華小樓騁望
巢車陳故紙橫穿作空槎醉唱鐃歌當伐鼓閒
拈芦管壓吹笳竹窓永夜猶焚誦燈火青熒禮

白花

冬日荒涼淡夕暉晨光猶喜報熹微潛虬自護
滄江卧退鷁仍依故國飛捫舌齒牙驚互揖扶
頭肤領恐相違隻雞近局闕心處却羨僧園菜

凋

决

遲 迤 殘 閒

然 悠

北 粗粲焦桝自下注云一作便 閒下注云一作踐行閒

素

把肥

廿載光陰四度棋流傳斷句和人悲冰調木介侵分候霜戛風箏决戰時脈竹懸車多次舍皐蘭輕騎尚逶迤燈前歷歷閒棋在全局悠悠正可思

少日囊書坐白山輕狂自喜試兵間殘棋樓檣思横海卧馬城闉説散闕汗竹紆餘淹鬢髮寒松弧直伴蒼顏白顛未了書生債昔夢長隨漆

規案焦本盡作淨

規案焦本住作柱
接作倚注云一作接
遲作持

規案焦本掌下注云一作一辰
旅神兔牛斗　極下注云
一作萬馬并驅餘漢
殘下注云一作獨守丹瞰眼一任室空任與
下注云一作首年誰記黎徐

管班

年年楚尾望吳頭四序平分總是秋赤羽黃塵
猶未盡青陽白髮不須愁漏穿地脈餘鼠羣抵
住天吳仗一鷗接戶軍遲多老衲憑將若箇問

添州

開天牛斗首神功分布星晨手掌中八駿未迴
西極雪六龍仍扈大江風南條日駕鼉鼉紫北
落星摧魚眼紅數卷殘書遺室在黎眉翁與鉄

規案流年當作老去（老疑）

規案焦本之十二作十二之一　右作後　時作期　溺作啜和

規案陰晴當作晴陰（扲）

冠翁

流年老年付逶迤取次春生僕射陂才子朱絃歌絳雪佳人錦字問瓊枝一龕燈永魚声靜三疊琴繁鸐舞移莫為牛衣頻歎息與君容易鬢絲垂

後秋興之十二 壬寅三月二十三日以右大臨無時溺泣而作

滂沱老淚洒空林誰扣滄浪訴鬱森總向沈灰論早晚空餘墨穴筭陰晴皇天那有重開眼上

帝閽 疑 嶷

殷

蛉

[illegible]初無悔亂心何限朔南新舊鬼九嶷山下哭
霜碪
焦中昏黑豆田斜猶望隱憂啟帝華句町路窮
難渡馬蜻令川斷不通槎闞山月暗三年笛草
木風腥四面茄庭際石榴紅綻血可憐猶是日
南花
凌晨野哭抵斜暉雨怨雲愁老淚微有地只因
聞浪吼無天那得見霜飛廿年薪胆心猶在三

護

持

局楸枰算已違完卵破巢何限恨銜泥梁燕正
爭肥

百神猶似帝台棋敗局真成萬古悲身許沙場
橫草日夢趨行殿執鞭時忍看末運三辰促苦
恨孤臣一死遲惆悵杜鵑非越鳥南枝無復舊
君思

橘中何地有商山隻影孤拳益載間十日焚天
人少種九幽特地鬼爲関詰盤周誥封京觀雕

淮韓 · 跰斫

苦若　奴戎　市布

溟渤

伍

琢韓碑頌伯顏歎息申胥重跰後報吳遺策尚
班班
飛走都窮瘴海頭而今人說國亡秋食殘鬼母
方知若酒醒天公亦解愁戎醜時來皆布虎英
雄運去總沙鷗老人生角君休誚八百終期啟
汲州
枕戈坐甲荷元功一柱孤擎渤海中整旅魚龍
森東五誓師鵝鸛肅呼風三軍縞素天容白萬

艘

夸

規案焦本朴作仆

河鼓雲

規案焦本燦作熳

騎朱顏海氣紅莫笑長江空半壁葦間還有刺
船翁
夸山塡海莫逶迤復漢爭如丈尺陂故國樓桑
團羽蓋上林朴△柳發條枝坐看雲漢河旗動笑
指漸台斗柄移金粟堆前空翠裏金燈猶傍玉
衣垂

吟罷自題長句撥悶二首壬寅三月二十九日

孤臣澤畔自行歌爛燦△篇章費折磨似讖似俳

才

二祖歷宗

硯碎 拌判

還似讖非狂非醉又非魔嘔心自笑刀華盡捫腹其如倔彊何二宗歷祖恩養士幾人吟咀淚痕多

不成悲泣不成歌破碎還如墨盾磨判以餘生供漫興欲將禿筆掃群魔途窮日暮聊為爾髮短心長可奈何賦罷無衣方卒哭百篇號踊未云多

規案焦本之十三作十三之一 偽作譌

後秋興之十三 自壬寅七月至癸卯五月僞言繁興鼠憂泣血感慟

冀　絕

而作猶翼其言之或誣也

地坼天崩桂樹林金枝玉葉痛蕭森衣冠雨集

支祈鎖閭闔風淒紂絕陰醜虜貫盈知有日鬼

神助虐果何心賊臣萬古無倫匹縷切揮刀候

斧碪

海角崖山一線斜從今也不屬中華更無魚腹

捐軀地況有龍涎泛海槎望斷關河非漢幟吹

残日月是胡笳嫦娥老大無歸處獨倚銀輪哭

宮官 赤血丹

誤

同國

桂花

庸蜀經營付落暉官車消息轉依微空留丹穴
從三后無復遺言詔六飛馬角烏頭期已悞龍
姿虎步讖俱違逆臣送喜猖狂甚趣與然脂照
腹肥

自古英雄恥敗靴刀引決更何悲棋君臣鰲背
仍開日生死龍胡肯後時事去終嗟浮海誤身
亡猶歎渡河遲闌張無命今猶昔籌筆空煩異

代思 按悲字下棋字在敗字下

夢迴猶傍五谿山歷弁捫參噦霧間却指帝星臨楚分如聞王氣滿吳闕地翻黑水繞申足天轉青城始破顏辛苦蒼梧留△舊△守忠魂常領百僚班

麻衣如雪白盈頭六月霜飛哭九秋兩耳也隨風雨劫半人偏犯古今愁地闇沮洳教魚鳥天濶烟波養鷺鷗誰上高臺張口笑他△為△指點舊

井 弁

口土 噦

才

規案集本留舊作舊留

抱

規案集本他為作為他

州

軼

規案焦本陵作臨

規案焦本壘作藟

規案蚑疑當作鮫

觪

規案焦本天江作江天

皇翁

踰沙越漠百王功二祖威稜浩劫中高廟石龜

晴吐雨長陵鉄馬夜呼風南陵△日駕千重紫北

伐霓旌萬隊紅葛壘△綿綿周祚遠明神豈誑白

頭翁

蚑△宮螭窟勢逶迤蹴浪排波似越陂荷鼓虛危

新氣象白茅青社舊孫枝磨刀雨過看兵洗船

趠風來想檄移昨夜天△江聊舉首寒芒二八已

昭垂

癸卯中夏六日重題長句二首

漫漫長夜獨悲歌張憤填胸肯自磨敵對災星
憑酒伯破除愁壘仗詩魔逢人每道君休矣頌
影還呼汝謂何欲共老漁開口笑商量何處水
天乡
百篇學杜擬商歌墨瀋頻將漬淚磨世難相尋
如鬼瘧國恩未報是心魔射潮霸主吾衰矣觀

規案熊本呼作訶天作雲

井仙人奈老何取次長謡向空濶江天雲物為誰多

投筆集卷下終

戊辰二月望以錢遵王箋註本手校一過

仁墀

讀錢牧齋投筆集

潘重規

當滿淸入關，鐵騎控制了整個中國的時候，許多明裔志士，高擧民族大纛，冒死犯難，進行着反淸復國的神聖工作。在這行列當中，有將近八十高齡的錢牧齋老人，多少年來，含垢忍辱，暗中聯絡桂王朝中的瞿式耜和臺灣島上的鄭成功，這兩位忠心耿耿的愛國領袖，都是老人的受業弟子。他結交方外的僧衆羽流，在野的遺民志士，梯山航海，帛書臘丸，溝通消息，發蹤指使㈠。他和柳夫人傾囊斥產，資助義師㈡。他四處奔走，鼓吹反正。他凝望反攻復國的義旗，他傾聽反攻復國的號角，如癡如醉，晝夜徬徨。

果然，臺灣義師，千艘浮海，溯江而上，在永曆十三年（淸順治十六年，西元一六五九年）己亥秋天七月初一日，鄭成功大軍直搗南京城下㈣，眼看復國的初步工作指日完成，老人歡喜欲狂，雀躍而起，用杜工部韻寫成金陵秋興八首，他歡呼：

雜虜橫戈倒載斜，依然南斗是中華………十年老眼重磨洗，坐看江豚蹴浪花。

他怒吼：

溝塡羯肉那堪臠，竿挂胡頭豈解飛，高帝旌旗如在眼，長沙子弟肯相違。

殺盡羯奴纔斂手，推枰何用更尋思。

他滿以爲勝利在握，準備歸命朝廷，所以說：

枕戈席藁孤臣事，敢擬逍遙供奉班。

不料鄭成功疏忽輕敵，遭南京守將郎廷佐，哈哈木夜襲，大軍潰敗，班師遠走。老人在八月初二日得聞消息，又寫成「後秋興之二」八首，他悲憤的說：

戒備偶然疏壁下，偏師何竟潰城陰，…………野老更闌愁不寐，誤聽刁斗作秋砧。

他對義師還懷著無限的希望，鼓勵他們說：

由來國手算全棋，數子抛殘未足悲，小挫我當嚴警候，驟驕彼是滅亡時。

從他詩中小注，更知道清營士卒，多袖藏着網巾氈帽，準備卸去胡服，响應義師。不幸來不及倒戈，義師便倉皇退却，他激動的說道：

小隊誰教投刃去，胡兵翻爲倒戈愁。

荷鋤父老雙含淚，愁見橫江虎旅班。

他悽愴傷心的歎息道：

十載傾心一旅功，御槍原廟夢魂中。…………南宮圖頌丹鉛在，辜負秋窗老禿翁。

老人十餘年來渴望勝利，滿心要爲雲台將士畫圖作頌，現在一切都付之東流了。

老人癡心的仍在注視戰事的演變，他離開村莊，披星戴月，間道微行，通過纔容脚趾的小徑，潛伏在接近前線的江村，刺探消息，所以詩中說：

途危只杖心魂過，路劣才容足指移。

他的「後秋興之四」，是在江村所作，這夜中秋無月，又聞揚州空城避去，他歎息說：

最是三分明月夜，二分應不屬揚州。

他蹲伏在槿籬茅屋之中，削簡臘丸，努力秘密傳遞消息，他說：

身世渾如未了棋，桑榆策足莫傷悲，孤燈削柹丸書夜，間道吹簫乞食時。

因爲他覺得這仍是中華民族反抗的據點，他說：

穴紙江風吹面斜，槿籬門內尙中華，蒼涼伍員蘆中客，浩蕩張騫海上槎。

直到八月十九日，義師遠去已久，他回到原來的住所，因此「後秋興之五」題爲「中秋十九日，暫回村莊而作」。這一年隨着義師而逝去，老人苦悶的心情，從「後秋興之六」的詩句中可以想見：

棋罷何人不說棋，閒窗覆較總堪悲。故應關塞蒼黃候，未是天公皂白時。

全軀喪亂有何功，雇賃餘生大造中。

以後庚子辛丑二年，老人已度過八十高齡，這時桂王崎嶇嶺嶠，他還寄以中興厚望，所以庚子中秋作的「後秋興之七」說：

重華又報日重暉，中路何曾歎式微。

莫指職方論邊徼，炎州今日是神州。

「後秋興之九」說：

命將出車小雅頌，磨厓刻石老臣心。

「後秋興之十」（辛丑二月初四日作）說：

日吉早時論北伐，月明今夕穩南枝，鞍因足弱攀援上，檄爲頭風指顧移。

這些話都表示他期望桂王出征北伐，出現扭轉乾坤的奇蹟，到了壬寅年（康熙元年）鄭成功病死，永曆帝被俘。他的「後秋興之十二」，自題「啜泣而作」：

百神猶護帝台棋，敗局眞成萬古悲，身許沙場橫草日，夢趨行殿執鞭時。忍看末運三辰促，苦恨孤臣一死遲。惆悵杜鵑非越鳥，南枝無復舊君思。

在後秋興之十三的自注說：「自壬寅七月至癸卯五月，譌言繁興，鼠憂泣血，感慟而作，猶冀其言之或誣也。」這是老人垂死之年，獲得永曆被吳三桂縊死種種消息，驚痛憂傷，發出絕望的哀鳴：

海角崖山一線斜，從今也不屬中華，更無魚腹捐軀地，況有龍涎泛海槎。望斷關河非漢幟，吹殘日月是胡笳。嫦娥老大無歸處，獨倚銀輪哭桂花。

他從反攻戰役開始，直到中興絕望，寫了一百零四首和杜秋興詩。最後，他題名爲投筆集，這是中華復國的戰史，這是他整個生命貢獻給國家民族最後的努力。他和着血淚寫詩時，他的精神已深深地陷入如醉如癡的境界。他看看自己的詩，要嘔心瀝血吐露一己的肺肝，而又不敢盡情傾訴，他看來看去，覺得自己所寫的詩，像狂人醉人的囈語，又像滿紙塗抹的血縷淚痕，所以他說：

似讖似俳還似讖，非狂非醉又非魔。

在老人死前一年，癸卯中夏六日所題投筆集最後一首詩說：

百篇學杜擬商歌，墨瀋頻將漬淚磨。世難相尋如鬼瘧，國恩未報是心魔。射潮霸主吾衰矣，觀井仙人奈老何。取次長謠向空闊，江天雲物爲誰多。

老人漬淚磨墨寫成的秋興詩，原指望是光復故國的號角，現在義師殲滅，國土沉淪，他對着長空，悲吟着他的舊作，狐兎成羣，羶腥徧野，江天雲物，究竟爲着誰人而呈妍獻媚呢？「胡虜無百年之運，中華無不復之機，」他只有懷着期待心情，齎志入地了！老人自稱他的詩是漬淚磨墨所寫成；我相信這是眞實的語言；因爲我每次讀投筆集時，熱淚總是不知不覺淌在紙上，如果老人的詩篇不是和淚寫成的，便斷賺不到讀者這樣多的眼淚了！

這上下二卷投筆集，雖然可以感動三百年後的讀者，但在老人的時代，是絕對不敢傳刻問世的。清高宗最恨牧齋老人，爲了要銷燬他的著作，特頒布禁書命令，終至展開空前的禁書運動㊄。他身前身後所刻的初學有學二集，都被澈底查禁。至於投筆一集，更是干犯忌諱，根本便不曾刊刻。他的姪兒錢遵王所撰有學集詩箋註十四卷，在第十二卷下的「投筆集」一目，註有「愼不敢鈔」四字㊅，可見雖在禁書令頒布之前，他們都不敢冒險爲他刊刻。又據刻有學集的鄒流綺，序中明言牧齋臨終時把親手編定的有學集，授與錢遵王。牧齋死後纔數月，鄒氏就爲他刊版行世。由此可知投筆集確曾編入有學集中。

現行有學集卷十紅豆集最末有後秋興八首，題云「八月初十日小舟夜渡惜別作」，正是抄本投筆集中的「後秋興之三」。不過把原詩中柳夫人資助義師，和張定西命阮姑娘捉刀侍柳夫人許多小註，一概刪去。又把「還期共覆金山譜，桴鼓親提慰我思」，改成「還期一着神頭譜，姑婦何人慰我思」；「此行期奏濟河功」改成「全軀亂世若爲功」；「趨覲兩宮應慰勞」改成「歸院金蓮應慰勞」。因爲原詩是希望柳夫人效梁紅玉桴鼓助陣，渡江克敵，趨拜兩宮；詞意過於顯露，可能是錢遵王，鄒流綺輩把它塗改。我還獲得一個明確的證據，是國立中央圖書館所藏康熙年間陳仁懋抄本投筆集上下二卷，卷尾有陳仁懋隸書手跋一行云：「戊辰二月望以錢遵王箋註本手校一過」。戊辰是康熙二十七年；陳仁懋所依據的，當然是錢遵王的原本，可見投筆集確收入原本之中。現在我手邊有日本擁書城印行有學集箋註，却沒有「後秋興之三八首」，這是因爲錢遵王刻箋註時，已將投筆集全部抽出。而他們刻有學集時，又故意保存八首，露出一鱗半爪，他們的苦心是可以想見的。投筆集命名的旨意，未見作者說明，或許是投筆從戎的意思。至於編集的微旨，牧齋曾隱約的透露。他在康熙壬寅年八十一歲時作的秋日雜詩二十首的末首云：

旁行側理紙，堆積秋興篇，發興己亥秋，未卜斷手年。元和只一頌，唐雅才二篇。買菜良自哂，終任魚蠹穿。夕陽聽漁笛，嗚咽悲遠天。相將撈魚蝦，高歌同扣舷。

他明白的說出投筆集是始於己亥秋鄭成功反攻開始，希望歌頌勝利結束。不幸百篇未已，勝利遙遙，所以說「未卜斷手年」。海枯石爛，老人期待的心情是始終不渝的。正如他編撰列朝詩集，也同樣是欲竟未竟之書。明末義士金堡的徧行堂集（據國立中央圖書館抄本），載列朝詩傳序一篇，有云：

列朝詩集傳，虞山未竟之書，然而不欲竟。其不欲竟，蓋有所待也。……虞山未忍視一線滇雲爲崖門殘局，以此書留未盡之案，待諸後起者，其志固足悲也。……於是蕭子孟昉取其傳而舍其詩，……孟昉有雋才，於古今人著述，一覽即識其大義。其力可以爲虞山竟此書，而不爲竟，亦所以存虞山有待之志，俾後起者得而論之。嗚呼！虞山一身之心跡，可以聽諸天下而無言矣！

我覺得借取金氏的話來說明投筆集的編寫，是最能闡發牧齋的心事的。我雪涕讀罷投筆集，憑弔老人的身世，欽慕老人的文采，他受異族帝王的誅伐咒罵，他受本國士夫的賤視鄙夷。他的心事埋藏在蠹簡殘篇中，他的行迹滅沒於荒煙蔓草裏。幸而投筆一集，通過查禁焚坑，不絕如縷，把老人一腔碧血，一寸丹心，重現在三百年後的讀者心眼中。使後世讀者聽到老人歡呼、感憤、悲傷、嗚咽的聲息，把老人反抗異族的眞情眞事傳到每一個讀者的耳目之前，使三百年來眯目沙塵，刮磨淨盡，這或許也是天公要分別皂白的時候了吧！

㈠柳作梅錢牧齋新傳（臺灣東海大學圖書館學報第二期）：清軍挾之而北。順治三年正月，命以禮部侍郞管秘書院事，充明史副總裁。六月，以疾自免歸。送公歸者，起兵山東，被獲，因得公手書，並逮公。鋃鐺三匝，至北乃解。歸以隱語作楸枰三局，寄廣西留守太保瞿公（式耜），洗眼藥方寄督輔新建姜公（曰廣），帛書蠟丸，梯山航海。五年四月，鳳陽巡撫陳之龍，擒江陰人黃毓祺於通州法寶寺，搜出明總督印及反清詩詞，以公曾留黃宿於家，且許資助招兵。奏入，詔總督馬國柱逮訊，因有江寧之獄。

㈡後秋興之三：「破除服珥裝羅漢，減損齏鹽餉佽飛。」自注云：「姚神武有先裝五百羅漢之議，內子盡囊以資之。」

㈢錢牧齋新傳：安西將軍李定國，以永曆六年七月，克復桂林，承制以蠟書命公及前兵部主事嚴栻，聯絡東南。公乃日夜結客，運籌部勒，而定國師還。

㈣野史無文鄭成功傳：「己亥夏五月，延平統師北伐，……延平既破京口軍，集兵金陵城下，秋七月朔，延平謁孝陵，旣拜而哭。軍士人人憤激。」

㈤詳見徐緒典「錢謙益著述被禁考」（史學年報第三卷第二期），柳作梅「清代之禁書與牧齋著作」（東海大學圖書館編印圖書館學報第四期）。

㈥見徐緒典「錢謙益著述被禁考」附錄「錢謙益著述表」。

王烟客手鈔錢謙益初學集考

潘重規

余藏清初抄本初學集，凡五厚冊，全書幾逹千葉 。葉高十英寸半，濶六英寸半。每半葉十二行，行卅三、四、五字不等。約計每葉八百字，全書殆將八十萬言，可謂煌煌鉅製矣！紙質細潤，黃楮，四界，烏絲欄，中縫上端署「磊齋」二字。鈔寫字體在行楷間，秀逸流麗，通體用朱筆勘校，復加圈點。首葉及次葉正面抄瞿式耜「牧齋先生初學集目錄後序」。首葉有「潘氏桐西書屋之印」及「潘茉坡圖書印」陽文朱印二方。第三葉首行初學集下有「蒙叟」陰文朱印。又有陽文「萬華小隱」、陰文「鄧尉山樵」二方印，最下綴陽文「茉坡潘介繁珍臧之印」，印皆篆書。次葉反面有鈔者題記云：

> 初學集一百卷，梓于甲申之前，運遘陽九，姑爲名山之藏，余借錄本讀之，喜而不寐，遂鈔得十之六，爲歲丁亥。己而借槧本鈔十之四，爲歲己丑，原刻族分部居，有倫有脊，詩廿卷，雜文五卷（重規案：原鈔作「廿五卷」，朱筆圈去「廿」字。），序十二卷，記五卷，行狀三卷，墓誌銘十卷，神道碑銘三卷、墓表二卷（重規案：原鈔作「三卷」，朱筆校改爲「二卷」。），塔銘二卷、傳三卷、譜牒二卷、祭文一卷、哀詞一卷、啓帳詞書一卷、疏一卷、贊偈一卷、題跋四卷、奏疏二卷、（重規案：據刻本實一卷，此誤爲二卷。）制科之卷三、外制之卷十、實錄辨證之卷五、讀杜小箋二箋之卷五。余先鈔十之六，以錄本之叙次條分，不依原刻，不無歉然于此。後，鈔槧本以足之。寓覽全帙，迺知目次之釐然也。行書密行，亦經年而蕆事，以是爲初學集草藁，娛一人之目可乎？余年艾矣，攤紙日度數千言，午夜夢回，腕楚輒作呻吟聲，晨起科頭，筆墨戞戞然且握管不釋手也。耑勤篤嗜，其不暇逸乎哉！書成爲識之如此。己丑中秋，識于吳興氏之寓樓。

觀題記所言，知鈔者服膺牧齋之作，深愛篤嗜，無以復加，晨鈔暝寫，專精不怠，而獨不肯標署名氏，知必易代之際，畏禍隱晦者所爲。考丁亥爲永曆元年，即清順治四年（西元一六四七），己丑爲永曆三年，即清順治六年（西元一六四九）。牧齋以宏光元年乙酉降清，清軍挾之而北，次年丙戌，以疾自免歸。是時法令嚴，朝官無敢謁假者。謙益竟馳驛回籍。歸遂牽連淄川謝陞案，鋃鐺被逮，北上乃解。歸以隱語作揪枰三局，寄廣西瞿式耜，又與鄭成功、張名振、張煌言及諸起事謀恢復者交通。是丁亥己丑間，正牧齋身世阢陧，蒙垢含恥之時。使非深知牧齋志行者，誰肯爲掌錄其文，至於指皴腕脫乎？此誠令人俯仰興懷，不能自已者也。比歲，讀初學有學二集，疑鈔本出於王烟客之手，頃從羅香林教授假得王烟客文集，比對合觀，益信所見或未爲謬。案有學集卷十三病榻消寒雜詠四十六首第十一首云：

聲氣無如文字親，亂餘斑白向沈淪。春浮精舍營堂斧（春浮蕭伯玉家園今爲葬地），東壁高樓束楚薪（東壁樓在德州城南，盧德水爲余假館）。越紹新書徵委宛（指山陰徐伯調），秦碑古字訪河濱（指朝邑李叔則）。嗜痂辛若王烟客，摘槧懷鉛十指皴。

又四部叢刊本有學集補有復王烟客書云：

鄙人制作，不勝昌歜之嗜，至於篝燈善寫，目眵手胼，非知之深，好之篤，何以有此。上下古今，橫見推挹，顧影茫然，不知所措。

書末復云：

寒燈臥病，蘸藥汁寫詩，落句奉懷，附博一笑。方當餞歲，共感流年。窮冬惟息勞自愛。

所云落句奉懷，當即指病榻消寒雜咏「嗜痂辛苦王烟客，摘槧懷鉛十指皴」之句。又雜咏序云：「癸卯冬苦上氣疾，臥榻無聊，時時蘸藥汁寫詩，都無倫次。」正與復書「寒燈臥病，蘸藥汁寫詩」相應。則復書當在康熙二年癸卯冬，時牧齋年八十二，烟客年亦逾七十矣。蘇州振新書社印行王烟客先生集尺牘下有致錢益謙書云：

前者信宿虞山，再侍史席，蒙老先生垂光下滴，慰藉有加。…………垂老端憂，屏居多暇，時取古人書讀之。而早歲迫遑，未嘗學問，觸處觝滯，罔識津涯〔耳〕，不得其指要。差幸一隙微明，於先生鴻著，獨有深嗜，不啻饑渴之於飲食。寤寐訪求，寒暑抄寫，積久遂已成帙。每當衰憊不支，憂思軫結，旋覩錄本，則霍然體輕，灑然意釋，頓失愁病所在。小窗晴暖，眼病昏眵，映簷把讀，不知日之移晷。自謂殘年樂事，無以踰之。然而耽好徒勤，於作文關鍵，立言指歸，實未窺見萬一。至於用字奧僻處，茫然不得其解。醯鷄之覆，悼嘆良多。惟是光燄飛騰，元氣礴磅，如高雯圓蓋，而星緯錯陳；大海迴瀾，而環𡍼𡍼涌。以爲雄肆高華，臻文宗之極致，上下千百年，縱橫一萬里，惟老先生一人而已。

烟客推挹之辭，亦與牧齋復書相應，而所謂抄寫成帙，把讀錄本者，當即指此抄本初學集也。又烟客苦其文字奧僻，故牧齋復書云：

來敎指用事奧僻，此誠有之。其故有二：一則曰苦畏，二則曰苦貧。昔者夫子作春秋，度秦至漢，始著竹帛，以公羊三世考之，則立於定哀之日也。爲袞爲鉞，一無可加，黴人黴鬼，兩無所當。或數典於子虛，或圖刑於象罔。燈謎交加，市語雜出，有其言不必有其事，有其事不必有其理。始猶託寄微詞，既復鈎牽讔語，輟簡迴思，亦有茫無消釋者矣。此所謂苦畏也。文章之道，無過簡易，詞尙體要，簡也。辭達而已，易也。古人修辭立誠，富有日新。文從字順，陳言務去。雖復鋪陳排比，不失其爲簡；詰曲聱牙，不害其爲易。今則裨販異聞，餖飣奇字，駢花取妍，寶菜求益。譬如窮子製衣，天吳紫鳳，顚倒裋褐，適足暴其單寒，露其補坼耳。此所謂苦貧也。苦畏之病，僕所獨也，苦貧之病，衆所同也。文章之病，與世運所傳染，欲起沈痼，苦無金丹。安得明燈促席，杯酒細論，相與頫仰江河，傾吐胸中結轖耶！

烟客既鈔初學集，又欲續鈔初學集以後文字。故書中以爲請，其言曰：

簡閱舊抄應酬之作，約畧居半，多非老先生精思所屬。然率意揮洒，而魚龍百變，波瀾老成，迥非時流所可企及。乃若碑版之文，一日繫九鼎，照四裔而垂千秋者，直當軼駕韓歐，顧靳固非肯遽出。愚意惇史直筆，南董是師，品隲抑揚，毋庸諱避，其間興嘆刼塵，寓感舟壑，輪囷肝膽，隱躍筆端，疑或有捩時眼，然撫寶帳秘，自古有之。亦何妨密示同志。矧某慤慎，每先緘縢夙戒者乎，玆因孝逸趨侍，特託懇請，倘蒙傾筐倒庋，悉畀錄藏，俾得以炳燭之光，晨夕咀誦，樂而忘老，誠不啻絳雪引年，仙家十賚者矣？昨歲冊中小影，甕盎頑姿，過蒙獎飾，迄今慚感。復有長幀，不揣復丐名筆，爲子孫世世之寶。凝寒濡毫，極知煩瀆，猶恃明月不疲屢照也。

牧齋復書，未肯出其衆稿，而以欲編次所作之意相告，其言曰：

初學之刻，稼軒爲政，取盈卷帙，未薙榛蕪。此後草藁叢殘，都無詮次。累承嘉命，不敢自廢。擬以湯液餘瞖，少爲排纘。初集削翳繁芿，汰其強半，效廬山內外之例，釐爲二集，後集亦放此例，俟有成書，專求是正。然後寫以故紙，藏諸敝篋，放唐衢之詩瓢，埋劉蛻之文冢，山川陵谷，刼火洞然。海墨因緣，深資啓發，仁人之言，其利溥哉？

蓋烟客夙嗜牧齋之文，請錄不止一再。見於煙客集致錢粂益三書，畧可覩其梗概。有學集卷三十九與煙客書云：

仁兄留心長物，耿耿胸臆間，長言讕語，每相薦樽。斷編蟫翰，手自披錄，昔人破琴輟絃，希風千古，不揆衰朽，坐而得之。舊學荒落，老筆叢殘，每思傾囊倒庋，自獻左右，少尌嗜芰采蘚之思。周章摒擋，慚懼而止，每以自愧，又以自傷也。

覽此，知牧齋顧瞻時世，實多畏忌，煙客雖以「密示同志」爲請，而亦有所不敢也。假使牧齋允其請，則有學集亦必手鈔成帙矣。案鄧之誠清詩紀事初編云：「王時敏，字遜之，號煙客，以遺老終於康熙十九年，年八十九。」（事蹟詳見程穆衡婁東耆舊傳）。是順治六年己丑，手鈔初學集之時，煙客年五十八，故題辭云：「余年艾矣。」又此鈔本有「蒙叟」一印，牧齋，丁亥再蒙大難，因號蒙叟，正煙客鈔寫之時。觀牧齋煙客二家文集，自順治五六年以迄康熙元二年，十數年間，文字往還不絕（見附錄）。而煙客親訪牧齋於虞山至於數四。此鈔本牧齋必曾過目，故鈐印其上，亦事理之常，不足爲異。案初學集爲牧齋門人瞿式耜崇禎癸未所刻。據瞿式耜初學集目錄後序，程嘉燧初學集序，牧齋答徐伯調書皆謂成書百卷，而崇禎癸未刊本目錄凡一百十卷。或以太祖實錄辨證以下十卷非單篇之文，不在百卷之數。然此鈔本題記云初學集一百卷，其細目合計凡百零一卷，減奏疏議誤增一卷，正合百卷之數。而實錄以下則在百卷之內。殆稿本刻本分卷前後頗有異同歟？此鈔本題記云：借錄本先鈔十之六，後鈔槧本以足之，今鈔本往往有前缺而補錄於後者。如序類「馮班詩序」，「陳遯詩集序」以後「徐子能詩序」、「黃蘊生經義序」、「一樹齋集序」、「張益之存笥集序」、「黃德操詩集序」、「徐仲昭詩序」、「蔣仲雄詩序」諸篇皆散見於後，而於篇目之下細字注云：「六之二」、「六之三」云云，似即後鈔槧本以足之者。又序類末篇爲石田詩鈔序，目下注云：「刻集未載」。今刻本初學集卷四十，序十三，實有此序，而文字亦無異同，豈煙客所見刻本與今刻本又頗有參差耶。至刻本湯義仍文集序，鈔本作玉茗堂集序，全篇文字出入極大。刻本篇首云：「臨川湯義仍文集若干卷，吳人許子洽生以萬曆乙卯，謁義仍於玉茗堂而手鈔之以歸者也。」鈔本則云：「吾友許子洽氏，以萬曆乙卯，謁義仍先生於臨，攜所著古文以歸，集爲十卷，而屬余序之。嗟乎，義仍詩賦與詞曲，世或陽浮慕之，能知其古文者或寡矣。」以下全篇文字均多異同。知抄本付刻時，牧齋頗有所點定也。抑有最堪注目者，此集鈔錄時，殆即慮有焚坑之禍，故全集於奴之「奴」，皆省寫作「又」，如癸未刻本初學集卷二送劉編修頒詔朝鮮云：

逆奴四路拒王師，一鼓兼聞創屬夷。

自古論兵貴伐交，出奇左掖擣奴巢。詞臣歸獻平夷捷，並與衰遲一解嘲。（自注云：東使，余以次當行，謀從東出奇兵，擣奴老巢，劉行，余遂寢其議，故末章及之。）

又經筵記事云：

宋室西羌縛鬼青，邇英書殿正橫經，遼陽會獻奴兒馘，定有神書撼索鈴。

崇禎詩集送郭中書赴督師袁公幕云：

屈指五年期，今又一歲初。（自注云：袁公於上前，抗論滅奴，以五年爲期。）

凡此類「奴」字皆鈔作「又」，全集中莫不如此，蓋其時清室初締，方事干戈，未張文網，然鈔者早慮及此，故題記云：「初學集一百卷，梓于甲申之前，運遘陽九，姑爲名山之藏。」其懍懍危懼，情見乎辭。今鈔本還朝詩集上，有臨淮田舍題壁贈王鶴年一絕云：

坦腹便便腰十圍，鐵衣拋却衣臥牛衣，恨君不度三岔水，生取又兒合赤歸。

此詩慨老將之廢置，恨其不得度遼平虜，生取奴兒哈赤以歸。其痛心國仇，欲擒建奴之宗祖，以雪大恥，伸壯志，使清帝見之，雖寢皮食肉，豈能逞其忿嫉。故錢遵王箋注初學集，徑將此詩刪薙。而今傳涵芬樓景印崇禎癸未刋本則將此詩「奴兒合赤」四字剜去。使非此鈔本倖存於世，則牧齋此詩忠憤之情，終湮沒於地下矣。竊謂牧齋畢生，無時不憂勤國事。貽羞千載，惟在易代迎降之際。其爲貪生而事氈裘，抑乃忍辱以圖興復，此層公案，猶待推勘，未可以清帝所云：「錢謙益素行不端，及明祚既移，率先歸命，乃敢於詩文陰行詆謗，是爲進退無據，非復人類。」遂據爲定論也。觀牧齋降清數月，即脫身南下，海內忠義之士，與之傾心往還，一如平素者，不可勝數。如福清林茂之者，嘗序刻鐵函心史，兒時一萬曆錢，佩之終身，峻節高風，舉世瞻仰。明亡，卜居金陵，與牧齋唱酬無虛日。牧齋三次申字韻示茂之云：

　忠驅義感爲君親，袒臂橫呼掃萬人，顚倒裳衣徒有淚，飛騰骨肉已無身，三秦驅鐵先諸夏，九廟櫻桃及早春，硯北老生欣草檄，腐毫拳指一齊申。

其激昂慷慨，奮欲有爲，與同志相爾汝之情，千載之下，猶可想見。若如清帝所云：「今閱所著初學集、有學集，荒誕悖謬，其中詆謗本朝之處，不一而足；其意不過欲借之以掩其失節之羞，尤爲可鄙可恥。」夫牧齋弄筆縱可欺後世，以掩其羞，又安能面欺同時忠驅義感之志士耶？用知牧齋雖一屈節於虜朝，而實忍隱陰從事於恢復。西爲瞿式耜規畫復興之大計，東爲鄭大木應接海上之義師，如投筆集後秋興二云：

　十載傾心一旅功，御槍原廟夢魂中（自注：南內舊存高皇帝手御鐵槍。）每思撒豆成營壘，更欲吹毛布雨風。淮水氣連天漢白，鍾離雲捧帝車紅。南宮圖頌丹鉛在，辜負秋窗老禿翁。

鄧之誠清詩紀事初編云：「案後秋興二爲己亥秋鄭成功攻金陵不克而作。成功嘗事謙益爲師，故曰十載傾心一旅功也。功敗垂成，不免深惜之。」又後秋興三（自注：八月初十日，小舟夜渡，惜別而作。）云：

　北斗垣牆闇赤暉，誰占朱鳥一星微。被除服珥裝羅漢（自注：姚神武有先裝五百羅漢之議，內子盡橐以資之，始成一軍）。減損齏鹽餉佽飛。娘子繡旗營壘倒（自注：張定西謂阮姑娘，吾當派汝抱刀侍柳夫人，阮喜而受命，舟山之役，中流矢而殞，惜哉！），將軍鐵矟鼓音違（自注：乙未八月，神武血戰，死崇明城下。），鬚眉男子皆臣子，秦越何人視瘠肥（自注：夷陵文相公來書云云。）。

鄧之誠云：「案秋興三爲張名振作，世傳柳如是嘗入海犒師，據此詩則實有之。」是知陵谷遷移，終不能盡毀孤臣之業績。蓋順治十六年己亥成功江師之役，牧齋與謀，至爲顯著。而煙客與牧齋過從，亦未嘗不側聞其事，其西廬詩草下卷亥秋書事云：

方驚烽火急，忽報習流奔。露布朝傳數，鐃歌夕奏繁。江邊空戰骨，海外漫羈魂（自注：京口士民有隨海船去者。）。不識蒼天意，同驅入死門。

煙客此詩爲與牧齋後秋興同時之作，明代遺民，固同深故國之悲。即烟客諸子，迫於時務，不得不出仕異族。然於國族之思，庭趨之訓，仍未嘗不浸潤於心。如烟客子掞爲余不遠刻集事，即其明驗。鄧之誠淸詩紀事初編卷二云：

余思復，字不遠，號中邨老人。將樂人。本名有成。明亡，棄諸生，始更今名，寓復明之意。福都覆後，伏匿山谷二十四年。著山居集。始游吳，歷十七年而歸。著吳游草。……事具蕭正模所撰中邨先生傳。撰中村逸稿二卷，正模所輯，爲文四十五篇。稱其丁亥戊子（順治四至五年）間，所爲書牘檄文，多駭人觀聽不可留。……思復棄家出游，自謂嫉俗，蓋亦託辭。觀其結交李世熊、錢秉鐙、魏禧，是皆不忘故明，隱欲樹立者也。所謂丁戊書檄，必與海上有連。太倉通海，居之三年，必非無故。……王掞仕宦方隆，未必能知思復底蘊，而能禮重其人，爲刻吳游草，資之還里。即此集刻于婁東，亦掞之力。

余謂不遠游吳，又居太倉久，必與烟客父子往還，王掞爲之刻集，正由知其底蘊，敬其爲人。今王掞西田詩集有天末送余不遠歸閩詩，其腹聯云：「感舊涕零兵火後，懷人吟罷酒杯前，」足以明其相知有素矣。夫以烟客子姓，尙惓惓於明室遺民，則烟客之於牧齋，聲氣相通，必不止於文字簡冊而已。用是知烟客精鈔是集，不僅有讀其書尙想其人之意；抑亦民族種性，血心情感有交滙流注於楮墨之間而不可解者。後之人，弗深考情實，鄙夷牧齋如涕唾，又安知亮節如烟客之流，尊之如祥麟威鳳。彼經年累月，篝燈繕寫，至於指皴腕楚，目眵手胼，豈獨慕其文章「軼駕韓歐」，抑亦深悼其「輪囷肝膽，隱躍筆端」者而不能已也。嗟乎！抱志之士，遭値坎壈，最難知者肺腸，最可議者形跡，假使程嬰中殂，趙孤不立，則千古蒙寶友之惡名可也。此余所以撫卷躊躇，重有感於烟客之微旨深衷，而尤悼念牧齋之苦心隱恨也。至於烟客藝事之高，久經論定。張庚畫徵錄云：「烟客淹雅博物，工詩文，善書，尤長八分，而於畫有特慧，爲國朝畫苑領袖。」秦祖永桐陰論畫云：「西廬老人癖好繪事，於宋元諸家無不精研兼擅，尤於癡翁稱出藍妙手。工詩古文，行楷橅枯樹賦，隸追秦漢，榜書八分，爲近代第一。則其遺墨之爲世瑰寶，無待贅言。今一旦獲先生數十萬字手跡於几案間，其爲藝林之快事，固無俟余言之喋喋已。

附錄錢王兩家往還文字

致錢謙益（一）（王烟客集尺牘上）

客夏摳謁台堦，得侍提誨者竟日。嗣後闊焉聞問，輒復經年。眞人紫氣，近隔衣帶，弗克孌立蛇進，日請事史席間，則因事累累糾纏，愁冗坌集，以致四體如桎，百事都損，想長者所稔聞而深恤。至若區區傾慕嚮一念，固寤寐靡有或諼。雖自愧鄙傭愚芚，不足以備糞除之役，而田中濁潦流入於海，與江漢朝宗無異，當亦谷王所不拒也。伏聞老先生杜門却掃，精選國朝詩文，以付剞劂，擷一代之菁華，樹千秋之儀的，爲後學津梁不淺，匪止藝林鉅麗之觀。昨子羽傳述台意，欲得先文肅三草寓目，耑僮馳上記室，倘蒙流覽採擇，獲附鴻編以不朽，何幸如之。暑月無可爲獻，沙瓜頗稱佳產，而今夏爲霪雨所薄，不能多得，謹以六十枚奉貢，別侑一二麄物，眞所謂野人芹也，惟笑存之，秋深事畧，倘幸稍間，即趨侍左右，不盡馳仰。

重規案：牧齋賴古堂文選序：「己丑之春，余釋南囚歸里，盡發本朝藏書，選次古文，得六十餘帙，州次部居，遺蒐闕補，忘食廢寢，窮歲月而告成。」是此書當作於順治六年己丑夏。

與錢謙益（二）（王烟客集尺牘上）

睽侍左右，倏又經年。塵累繭牽，帶水久闕擁彗，捫省疎節，何以自逭。惟有朝宗一念，晨夕縈洄左右而已，西田荒落，絕無景物可觀，衹以殘年厭苦塵鞅，聊縛把茅，爲處陰息影之地。不知農舍漁庵，何由入鉅公淸聽。既蒙賜之詩歌，復重之以大記，瑰言瑋撰，直軼少陵昌黎而上之，使沮茹汙菜（萊），遂與敬湖輞水爭勝。而感慨淋漓，一唱三嘆，綽有餘音，尤令人低徊不能已已。竊不自揣，尙欲裝成一冊，仰丐手書，爲子孫世世之寶，想老先生必不我拒也。恭諗大壽攬揆，千齡伊始，初知老先生客戒方堅，未敢遽爾唐突。既與子相約，擬辰下馳詣奉觴，而以瘍發於足，不戒於湯，臃腫支離，平復未可旦夕冀。瞻言尺五，深懼後時，特先令豚兒舞拜堦下，俟賤足稍可蹣跚，即當躋堂稱兕，以效岡陵之祝耳。空囊無可為敬，一絲將悃，寒窶之意可掬，伏維老先生以形外莞存之邀寵何如。諸容百頓不備。

重規案：此書當作於順治八年辛卯。

致錢謙益（三）（王烟客文集尺牘上）

不肖某病目屛居，絕跡境外。去秋曾操舟龍門，適老先生有事郡中，未獲一奉提誨。嗣此藥裹支離，音塵久逖，時從子羽處詢知研精教典，撰述弘多，杖履康旺倍常，輒為忭躍。而鴻著詩文，時於友人扇冊借鈔，晨夕快讀，以當刮翳金鎞，延年絳雪，用助炳燭之光，歡喜更無量也。言念學問文章，如先生汛瀾淵海，光燄千古，曠世而不一遇。某幸同土壤，夙厠游從，顧弗克備掃除於門牆，一叩洪鐘之響。今且衰病侵尋，晼晚靡及，是尤值佛世而不獲承事，良為虛度此生，惟有撫躬悼嘆而已。冰雪凝沍，舟楫少通，虞山翠色，可望而不可即，初擬會葬孟鳧先生，必得一遂瞻覲。而逼除蝟冗，勢恐未能。摳衣登堂，又當遲之獻歲。專此布候興居，併告響來疎節。薄具野田土簋，不足佐椒觴餘瀝，統希哂存。

重規案：此書當作於永曆八年，即順治十一年甲午（西元一六五四）。書云初擬會葬孟鳧先生。案陸銑，字孟鳧。為牧齋摯友，長牧齋一歲。卒于甲午八月二十二日，年七十四。見牧齋陸孟鳧墓誌銘（有學集卷卅一）。

致陸銑（一）（王烟客文集尺牘上）

聞牧翁杜門，專力選國朝文集，懸示指南，使服習者知所趨嚮。砭俗學而起大雅，厥功甚偉，非獨珠林玉圃，為鉅麗之觀已也。詩選剞劂已竣，未知何日始懸國門，可以紙就印否？幸示之。

重規案：此書當作於順治六年己丑夏。

致陸銑（二）（王烟客文集尺牘上）

而仰藉鼎噓，又得邀宗伯翁大記，異日並載名集，漁菴農舍，遂與昌黎盤谷，次山杯湖並傳，何幸如之。晤宗伯翁乞先為道謝，容俟出月九頓。隆施出自長者，本不敢外盛雅，但疊荷鴻篇，已過於既醉之感，百朋之錫，弟雖概不敢受賜，而飲和食德，孰有重於此者，其敢復叨他賜乎？況區區私衷，實抱隱痛，諒亦仁人所深憐而不罪其不恭者也。

重規案：此書當作於順治八年辛卯。

致錢謙益（王烟客集尺牘下）

前者信宿虞山，再侍史席，蒙老先生垂光下滴，慰藉有加，何異旃檀林中得佛手，令人歡喜無量。顧孤根苞黑，不能少有扣擊，以發洪鐘之響，眞入寶山而空回也。某承藉先澤，生長膏粱，鄙意亦欲少自振厲，粗知今古，不甘爲面牆視肉。而少嬰危疾，疊構閔凶，世故拘牽，弱冠廢學。迨棲屑仕途，刺促鞅掌，東塗西抹者三十餘年。歸田已及晼晚，心腑蔽塞，空具六尺之軀，竟成一無字碑矣！垂老端憂，屏居多暇，時取古人書讀之，而早歷迫遑，未嘗學問。觸處觝滯，罔識津涯耳。不得其指要。差幸一隙微明，於先生鴻著，獨有深嗜。不啻饑渴之於飲食。寤寐訪求，寒暑抄寫，積久遂已成帙。每當衰憊不支，憂思軫結，旋覗錄本，則霍然體輕，灑然意釋，頓失愁病所在。小窗晴暖，病眼昏眵。映簷把讀，不知日之移晷。自謂殘年樂事，無以踰之。然而耽好徒勤，於作文關鍵，立言指歸，實未窺見萬一。至於用字奧僻處，茫然不得其解。醯雞之覆，悼歎良多。惟是光燄飛騰，元氣磅礴，如高旻圜蓋，而星緯錯陳，大海廻瀾，而環怪坌涌。以爲雄肆高華，臻文宗之極致，上下千百年，縱橫一萬里，惟老先生一人而已。固自念言，生幸同時，又同土壤，參承洵至宿緣。乃壯年以萍梗浮縱，弗獲北面稱弟，丐餘芬以自淑，良爲虛負此生。今則景逼崦嵫，殘光行盡。自分枯楬黜黯，不能爲問字之侯芭，惟愛慕博奧，庶或得比於蕭穎士之僕耳。簡閱舊抄應酬之作，約畧居半，多非老先生精思所屬，然率意揮洒，而魚龍百變，波瀾老成，迥非時流所可企及。乃若碑版之文，一日繫九鼎，照四裔而垂千秋者，直當軼駕韓歐。顧靳固非肯遽出。愚意惇史直筆，南董是師，品騭抑揚，毋庸鯁避，其間興歎刼塵，寓感舟壑，輪囷肝膽，隱躍筆端，疑或有捩時眼，然撫實帳秘，自古有之，亦何妨密示同志。矧某愨愼，每先緘縢夙戒者乎？茲因孝逸趨侍，特託懇請，倘蒙傾筐倒庋，悉畀錄藏，俾得以炳燭之光，晨夕咀讀，樂而忘老，誠不啻絳雪引年，仙家十賚者矣。昨歲冊中小影，甕盎頑姿，過蒙獎飾，迄今慚感。復有長幀，不揣復丐名筆，爲子孫世世之寶。凝寒濡毫，極知煩溷，猶恃明月不疲屢照也。率爾馳訊，並布腹心，容即耑候，以罄感縷，不盡依依。

重規案：此札當作於康熙二年癸卯冬，

奉常王烟客先生見示西田園記寄題十二絕句（有學集卷四）

天寶繁華噩夢長，西田茅屋是西莊。最憐清夜禪燈畔，村犬聲如華子岡。

竹暗花明斷刼灰，夕陽多處草堂開，湘簾蕩日春風卷，依舊烏衣燕子來。

香稻菴前穲稏香，秋原天外耦耕堂，閒來判斷人間事，只有爲農氣味長。

池亭花木轉清鮮，玉石從教崑火然。可是寂光長住土，不同變壞惱諸天。

江岸縈廻籬落斜，相門何異故侯家。郊原初得嘉賓會，自擷東陵子母瓜。

縹囊玉軸亞朱闌，若酒吳羹竟日歡。好事客來頻看畫，不將寒具列盤餐。

列檻虞山近可呼，野烟村火見平蕪，閒窗潑墨支頤坐，自寫秋懷落葉圖。

閟閣香燈小築幽，金函神祖御書留。吉祥雲海茅茨裡，長涌神光鎮斗牛。

滄海波如古井瀾，圯橋流水去漫漫。世人苦解人間事，家世紛紛說相韓。

尙璽東華夢斷時，軟紅塵土正迷離。藥欄大有翻堦藥，留與春風印紫泥。

綠水紅蓮即鳳池，朝陽刷羽競長籬。桐梧百尺饒鷄樹，要宿從他揀一枝。

標峰置嶺看參差，幻甚丹青畫裡詩。還向右丞參半偈，水窮雲起坐行時。

重規案：當作於順治八年辛卯。

壬寅三月十六日，太倉太原王端士、巽公、懌民、虹友，瑯琊王惟夏、次谷，許九日、顧伊人，吳江朱長孺、族孫遵王、增微仲，集於小閣。是日，敬題烟客奉常所藏文肅公南宮墨卷。論文即事，欣感交並。予爲斐然，不辭首作。（有學集卷十

二）

江村草閣掩霏微，兩版衡門乳燕稀。好客恰宜來細雨，春風猶爲欵荆扉。驚悲花蘁差新樹，柳愛烟深漫舊磯。有約經過還載酒，不辭破夏解深衣（次日送春）。

帝車南指正垂芒，雲霧江天見草堂。鶴髮龍鍾餘一老，烏衣馬糞數諸王。橫經問字皆同術，即席分題各擅場。自愧疎慵徒捧腹，更無衣鉢付歐陽。

琬琰勳庸丙魏如，珠囊畢牘在公車。三條燭際昇平候，千佛名標浩刧餘。字裡鋒芒環斗極，行間筋骨護皇輿。婁江榮氣浮河維，午夜虹光夾御書（奉常家藏神宗賜劄，御墨如新。）。

今雨柴門却掃新，清晨留客似留春。小亭布席才函丈，竟日從容肯欠伸，老去敢知文曲折，酒闌仍怨語悲辛。竹廊共賞留題句，寄謝緣溪莫問津（拂水竹廊有人題壁云「傳語東山好避秦。」）

重規案：壬寅爲康熙元年。末章注，「云」下原缺，從有學集箋注增補。

題烟客畫扇（有學集卷十二）

吹笛居（重規案：有學集箋注作車，當從之。）箱去不回，人間粉本付沈灰。空齋畫扇秋風裡，重見浮嵐煖翠來。

規案：此詩當作於康熙元年壬寅。

病榻消寒雜咏（有學集卷十三）

聲氣無如文字親，亂餘斑白向沈淪。春浮精舍營堂斧（春浮蕭伯玉家園，今爲葬地。），東壁高樓束楚薪（東壁樓在德州城南，盧德水爲余假館。）。越絕新書徵宛委（指山陰徐伯調。），秦碑古字訪河濱（指朝邑李叔則。）。嗜痂辛苦王烟客，摘槧懷鉛十指皴。

規案：此詩作於康熙二年癸卯。

王奉嘗烟客七十壽序（有學集卷二十四）

余庚戌二座主，皆出太原文肅公之門，次世誼，二公于辰玉先生輩行，而余于烟客奉嘗則兄弟也。奉嘗又命二子執經余門，蓋余與王氏交四世矣！辛丑歲，奉嘗年七十，門人歸子玄恭，周子孝逸輩請余爲祝嘏之文，余老耄厭生却賀，囁嚅未敢應。然王氏之爲壽，非尋常燕饗而已，君子于是藏國成焉，占天咫焉，又用以頌豐芑歌燕喜焉，不可以莫之識也。文肅事神宗皇帝，當盛明日中君臣大有爲之日，菀枯之集，孽于宮闈，水火之爭，蔓于朝著。公以孤忠赤誠，搘拄宮府，上欲泯伏蒲廷諍之跡，而下不欲暴羽翼保護之心。久之，事見言信，身去而國本定。余嘗論次申文定事，謂昔人有言，此陛下家事。東朝之事，神廟與先帝親爲證明，豈可動哉。奉嘗藐然孤孫，痛憤謠諑，臚陳本末，丹青炳然。使天下後世通知兩朝慈孝，君父無金玦衣尨之嫌，儲貳無黃台瓜蔓之恐。而文肅日中見斗，値負塗盈車之候，遇雨之吉，已應于生前，張弧之疑，並消於身後，則奉嘗錫類之孝遠矣。所謂藏國成者此也。文王之詩曰：陳錫哉周，侯文王孫子，本支百世，凡周之士，不顯亦世，謂文王受命于天，其本支嫡庶，百世爲天子諸侯，而周士之有顯德者亦如之。文肅陰翊元良，于本支嫡庶有百世功，其子孫受亦世之報，宜也。自古陰德之食，不報于其滿，而報于其餘，文肅之股肱國本，眉目清流也，而不能免于浮石沈木之口，雖其功成名遂，身致太平，而申旦不寐，未有能舍然者，此則其餘而未滿者也。歲有餘十二日，未盈三歲，得一月而置閏，取其餘而未盈也。文肅之餘，在君臣邦國間，其未盈也，則食報于子孫，奉嘗父子，其嘗之矣。天道不偕其容，以不顯亦世，本支之報，私與太原一家，所謂占天咫者此也。國家之盛，比隆三代，以有殷方之，神廟禮陟配天，多歷年所，蓋當祖乙武丁之世，而文肅在保乂六臣之列，無可疑者，故家遺俗孟子蓋三歎于易世，而况昭代之孫子乎？孔子曰：豐水有芑，百世之仁也。西京之金張，東京之袁楊，元氣鬱然，與國終始，士食舊德，班固之所以張兩都也。今觀于王氏之壽宴，其知之矣。升其堂，所藏弆而供奉者，神廟之寶章御札，如藏河雒之圖，而抱鼎河(規案：當作湖。)之弓也。御其賓筵，嘉肴旨酒，上尊養牛之殊錫，而郢醪蓬艙之遺法也。考鐘伐鼓，絲肉遞代，歌鐘二八，清商一部，元臣之所娛賓而送老也。巾車南園，其芍圃，則謝家之紅藥；其菊籬，則韓公之晚香。泛舟西莊，梧桐之萋菶者猶在朝陽，而鳴鳳之羽猶翽翽于高岡也。千金萬壽，獻酬卒爵，奉嘗拜于前，諸子拜于後，顒顒卬卬，左右奉璋，棫樸之終壽考，而卷阿之矢吉士，頌聲猶洋洋盈耳也。凡百君子，與于燕會者，相與念國恩，仰舊德，頌豐芑而歌燕喜，忠孝之心有不油然而生矣乎？余，定陵老史官也，佩文肅琬琰之遺訓，故記斯宴也，亦用史法，從事諸子，有志于古學者也。作爲歌詩以祝壽，豈亦將取徵詩史，恥爲巫祝之詞，則余之志其不孤也矣！

重規案：此文作於永曆十五年，順治十八年辛丑（一六六一）

西田記（有學集卷二十六）

西田者，太倉王奉常遜之之別墅也。出太倉西門郊牧之間，隩限表裡，沙丘邐迤，疇平如陸，岸墳如防，瓜田錯互，荳籬映望，機櫝挂門，笭箸緣路，水南雲北，迴異人間，游塵市囂，不屏而絕，西田之風土也。廣平百里，却望極目，玉山東南，虞山西北，若前而揖，若背而負，日落霞起，日降水升，歸室屬連，倒影薄射，西田之景物也。娛賓之堂，顏曰農慶，秋原膴膴，農務告作，饁婦在田，農歌滿耳，主人取以明農而親禾稼也。燕處之菴，顏曰稻香，琴書橫陳，花藥分列，凝塵蔽榻，燕寢凝香，主人取以清齋而晏晦也。越長隄而西，菰蒲蔽虧，鳧鴨淩亂，清潭瀉空，秀木漏日，有霞外之閣，以寬落日，有錦鏡之亭，以俯遠水。又折而西，西廬在焉。中祠純陽，法筵精潔。旁繪屋壁，粉本蕭疎，啓東軒則婁江如鏡，面北窗則虞山如障，顏之曰垂絲千尺，曰綠盡，而西廬之事窮。客遊西田者，以謂江岸縈廻，柴門不正，誅茅覆宇，丹雘罕加。竹屋繩床，類岩穴之結構。牛欄豚舍，胥江村之物色。主人却謝朝簪，息機雲壑，簑笠日新，蘭錡如故。夙世詞客，前身畫師。擅輞水敧湖之樂，謝三年一病之苦。秋履盈門，濾囊接席，無朝非花，靡夕不月，此則主人之樂，而西田之所以勝也。客有曰：子知主人之樂矣，未知主人之憂，家世相韓，身居法從，宸章昭回，竹馬交互，大田卒獲，寧無周京離黍之思，嘉賓高會，或有青門種瓜之感。續方叔名園之記，慨歎盛衰，咏右丞秋槐之詩，留連圖畫。子非主人也，亦焉知主人之樂乎？客以其言告蒙叟，蒙叟笑曰：吾聞之，生住異滅，惟一夢心，有作夢窗下者，夢窗非無，窗夢非有，安得以夢中建立爲主人之樂乎？有覺眠一堂者，覺者之堂即眠者之堂，安得以夢外遷改爲主人之憂乎？三災起時，壞刼不至四禪，西田一畝之宮，刼火返銷，兵輪遠屏，此四界中之四禪也。舍利弗不能見佛土嚴淨，螺髻梵王，見如自在天宮。主人通西方觀經，妙達圓淨，如佛所言，或有佛土以園觀臺觀而作佛事，安知此土非寂光土，於四土中示現，華觀沈灰，瓊臺驟雨，如夢中事，豈足問哉！西田落成，會奉常六十始壽，羣公屬予言張之，余未游西田，于其勝未能詳也，聊約夢語以爲記。重光單閼之歲中秋二十日。

重規案：此記作於永曆五年，即順治八年辛卯（西元一六五一年）。

與王烟客書（有學集卷三十九）

荒村殘臘，風雪拒戶，紙窗竹屋，佛火靑熒，瑤華遠存，重以餽歲，佳肴珍果，盈筐溢笥，春風滿座，椒盤郁然。淵明省扣門乞食之詞，少陵無稚子恒飢之感，古人老不得志，輒退思東阡西陌鷄豚同社之樂，殘生頹景，百里相望，不意得之于門下，不能不慨然太息也。老病日增，身世相棄，畏近城市，自竄于荒江墟落之間，人世聲華，取次隔絕，莊生所謂恝然仁者去之，畫然智者去之，亦庶幾空谷逃虛之人矣。而仁兄留心長物，耿耿臆胸間，長言諷語，每相薦樽，斷編蠹翰，手自披錄，昔人破琴輟絃，希風千古，不揆衰朽，坐而得之。舊學荒落，老筆叢殘，每思傾囊倒庋，自獻左右，少憇嗜芰采葑之思。周章摒擋，慚懼而止，每以自愧，又以自傷也。衰殘窮蹇，歸心法門，辟如旅人窮路，迫思鄉井，衣珠茫然，□歸無計。來教以導師見推，良爲跼蹐，每思今世不乏聰利上根，却有一種影客慧，浮動六根門頭，習禪則染禪，習靜則染靜，習教則染教，邪師盲宗，又從而影掠鈎牽，引狂趨僞，染神刻骨。如仁兄皈依大乘，心安如海，此非獨需根宿習，亦向來善友薰習，扣擊於聞谷諸師，已得眞正種智故也。首楞一鈔，稿已五削，般若二本，幸而先成。以二經教義，最爲精奧，心經則賢首畧疏，全通法界，金剛則慈氏頌偈，親受僧法，近代大老詳箋，猶多遺落本源，少有管窺，每思就正，亦以此中牛毛麟角，可與微言者良鮮也。向者村舟暫出，未奉報章，寒疾少間，專力奉復，馳神函丈，不盡翹仰。

重規案：此書當作於順治十四年丁酉。案牧齋楞嚴蒙鈔後記云：「蒙之鈔是經也，創始於辛卯歲之孟陬月（順治八年），至今年（順治十四年丁酉）中秋而始具草，歲凡七改，稿則五易矣。」

復王烟客書（有學集補）

孝逸來，得手書勞問，情事委折，如侍函丈，廻環捧誦，拊掌太息。竊怪仁兄學殖深厚，辭條清芬，當世文士，罕有其比。

重自閟藏，被褐懷玉，不欲少見乎尹，吐光怪於人間，此眞加於人數等矣。鄙人制作，不勝昌歜之嗜，至於篝燈繕寫，目眵手胼，非知之深。好之篤，何以有此。上下古今，橫見推挹，顧影茫然，不知所措。殆有如莊子所云，始聞之懼，復聞之怠，卒聞之而惑者。拊心定氣，伏枕沈思。始知仁兄知我愛我，終不若僕之自知也。僕於斯文，中年始學書計，垂四十年，學問進退，氣力衰旺，甘苦曲折，歷歷在手心間。謂其於古人文字，粗知阡陌，畧能湔除俗學，別裁僞體，或有少分相應。若欲深窮古學之閫奧，而抉擿其心髓，如韓之進學解，柳之答韋中立書所云，則濛濛然未覩之狗耳。暇日蕭閒，屛去筆墨，信手抽古文一篇，從容雒誦，深知其不能幾及，屈計算度，至於什，至於百，至於萬千而猶未既也。豈惟韓蘇數家，自唐李遐叔，獨孤至之，以迨金之元好問，元之姚燧，靡不皆然。僕豈不受人抬舉，好自貶損哉！此中畦逕，漸老漸熟，如背癢之把搔，如毒刺之呼叫，寱語啞夢，心中了了，良欲少自遮瞞不可得也。客歲答李叔則、徐伯調二書，頗詳言之，今安敢有不盡於知己。東坡謂晚畏無實之名，甚於畏虎。僕深佩其言。又答陳師仲相推許書，謂處世齟齬，深自嫌惡，見足下輩相屬如此，輒亦少自赦。今仁兄於僕，護短矜愚，鄭重拂拭，亦可援東坡之例以自赦矣，而猶不敢者，以謂晼晚失學，介恃人之愛我，有幸心焉，幸則疑，疑則惑，惑則驕，卒至於迷頭借面，盡喪其所懷來，將誤用坡老之苦言，爲發狂之急藥，故不取也。來教指用事奧僻，此誠有之。其故有二：一則曰苦畏，二則曰苦貧。昔者夫子作春秋，度秦至漢，始著竹帛，以公羊三世考之，則立於定哀之日也。爲袞爲鉞，一無可加，徵人徵鬼，兩無所當。或數典於子虛，或圖刑於罔象。燈謎交加，市語雜出，有其言不必有其事，有其事不必有其理。始猶託寄微詞，既復鈎牽讔語，輟簡迴思，亦有茫無消釋者矣。此所謂苦畏也。文章之道，無過簡易，詞尚體要，簡也。辭達而已，易也。古人修辭立誠，富有日新，文從字順，陳言務去。雖復鋪陳排比不失其爲簡，詰曲聱牙，不害其爲易。今則裨販異聞，餖飣奇字，駢花取姸，賣菜求益。譬如窮子製衣，天吳紫鳳，顚倒裋褐，適足暴其單寒，露其補坼耳。此所謂苦貧也。苦畏之病，僕所獨也；苦貧之病，衆所同也。文章之病，與世運所傳染。欲起沈痼，苦無金丹。安得明燈促席，杯酒細論。相與頫仰江河，傾吐胸中結轖耶！初學之刻，稼軒爲政，取盈卷帙，未薙榛蕪。此後草稿叢殘，都無詮次。累承嘉命，不敢自廢，擬以湯液餘晷，少爲排纘。初集翦削繁蕪，汰其強半，效廬山內外之例，釐為二集，後集亦放此例，俟有成編，專求是正。然後寫以故紙，藏諸敝篋，放唐衢之詩瓢，埋劉蛻之文冢，山川陵谷，刼火洞然。海墨因緣，深資啓發，仁人之言，其利溥哉！亂後無意為文，障壁蠟車，不堪塗乙。一二族子，有志勘讎，意欲請孝逸諸人，共事油素，唯仁兄力為獎勸，俾勿以槐市為辭，則厚幸矣。寒燈臥病，蘸藥汁寫詩，落句奉懷，附博一笑，方當餞歲，共感流年。窮冬惟息勞自愛。

重規案：此書當作於康熙二年癸卯。

王烟客奉常像贊（有學集卷四十二）

穆穆文肅，配食淸廟，袞衣介圭，即圖周召。英英太史，鰲禁繼出，麻紙方新，巾香猶鬱。奉常世美，有光厥緒。天球河圖，恒在東序，惟明有臣，惟王有子，奉璋峩峩，是茂是似。武頌豐芑，成誥梓材，高曾喬木，有人矣哉。銖衣拂石，沈灰塡海，幅巾道衣，一床未改。西莊輞川，芍圃蘭亭，人之視之，右軍右丞。秋槐吟孤，誓墓心苦。顧瞻周道，泣涕如雨。澄懷觀水，熏心染香。不起于座，刀齊尺粱。我懷斯人，孤烟霞露，穆如淸風，拂此毫素。

重規案：此贊當作於康熙二年癸卯冬。

此文草成後，即詣臺北出席亞洲作家會議，因得以其間觀書國立中央圖書館。館藏崇禎癸未原刋本初學集二帙，集中臨淮田舍題壁贈王鶴年一絕：「生取奴兒合赤歸」，句中「奴兒合赤」四字均剜去。又檢得吳縣潘介祉纂輯明詩人小傳稿，卷首載潘氏宗譜，知介繁為咸豐壬子舉人，官知州。館藏抄本薩天錫集，即其桐西書屋故物，蓋烟客手鈔初學集，當在道咸間歸於潘氏也。館中又有抄本牧齋投筆集，余循誦再過，觀後秋興之六云：「棋罷何人不說棋，閒窗覆較總堪悲，故應關塞蒼黃候，未是天公皂白時。火井角芒長燄燄，日宮車輦每遲遲。腐儒未識楸枰譜，三局深慚厘帝思。」後秋興之七云：「破碎江山惜舉棋，斜飛一角總堪悲。可憐紙上楸枰局，便是軍前畫笏時。帳殿咨嗟如宿昔，芒鞋奔命轉稽遲。誰將姑婦中宵語，借箸從容起睿思。」又金堡贈牧齋詩云：「楸枰局裡畫乾坤，萬里遙看一老存，峻極儒宗憑岱岳，大觀義海發朝暾。刼灰欲盡丹心出，碩果將留黃髮尊。却許野人無事好，不教世諦落寒溫」（見館藏抄本金堡遍行堂集）。堡爲永曆朝士，與瞿忠宣誼貫生死。以二公詩語互證，則忠宣疏稱牧齋條陳楸枰三局之事，確然可信。即後秋興詩注所云，柳夫人傾橐資姚神武成軍，及張名振謂當派阮姑娘抱刀侍柳夫人，證以溫睿臨南疆逸史姚志卓諸傳，及沈佳存信編，亦皆紀實之作。朱逖先先生鈔校本存信編跋（見明季史料題跋）云：「錢謙益降清之後，不一年即謝病歸，又被囚南京二年。後，其弟子延平王鄭成功北伐，下鎮江，圍南京，謙益則和杜甫秋興詩八首以誌喜，中有『殺盡羯奴方罷手』之句，其後延平師敗，則又和秋興詩至再至三，以誌悼惜，而彙爲投筆集，人皆以此爲謙益之通海也。此編則謂『永曆六年冬，謙益迎姚志卓、朱全古祀神於其家，定入黔請命之舉。七年七月，姚志卓入貴筑行營，上疏安隆，召見慰勞賜宴，遣志卓東還，招集義兵海上，冢宰范鑛以朱全古萬里赴義，題授儀制司主事。八年七月，遣內臣至厦門，冊封漳國公鄭成功爲延平王。九年三月，簡封朱全古兼兵科給事中，視師海上。先是甲午秋，文安之密與全古曰：劉李之交必合，衆志皆與孫離，但未知事機得失如何也。我當以冬還蜀，君可以春還吳楚上下流，觀察形勢，各靖其志。是年春，海上有警，行營吏部尚書范鑛請遣使宣諭姚志卓，遂命全古，全古還吳，轉渡江，由海門至前山洲，志卓已卒，全古宣敕拜奠。丁酉，入楚報命。十三年六月，延平王鄭成功率師圍南京。』據此，則謙益不特通海，又入黔請命，招集海上義兵，以與延平相呼應也久矣。」（朱氏跋語，柳作梅先生浩氣吟跋，已見徵引。）觀此，知南明二十年殘局，山烟海嘯間，無不有此老精魂往來，揮魯陽之戈，舞刑天之戚，山河雖改，志事不穨，宜夫發爲詩歌，如臣甫杜鵑之啼血，其聲動心，千載之下，有餘慟焉。庚戌六月朔記於九龍師十駕齋。

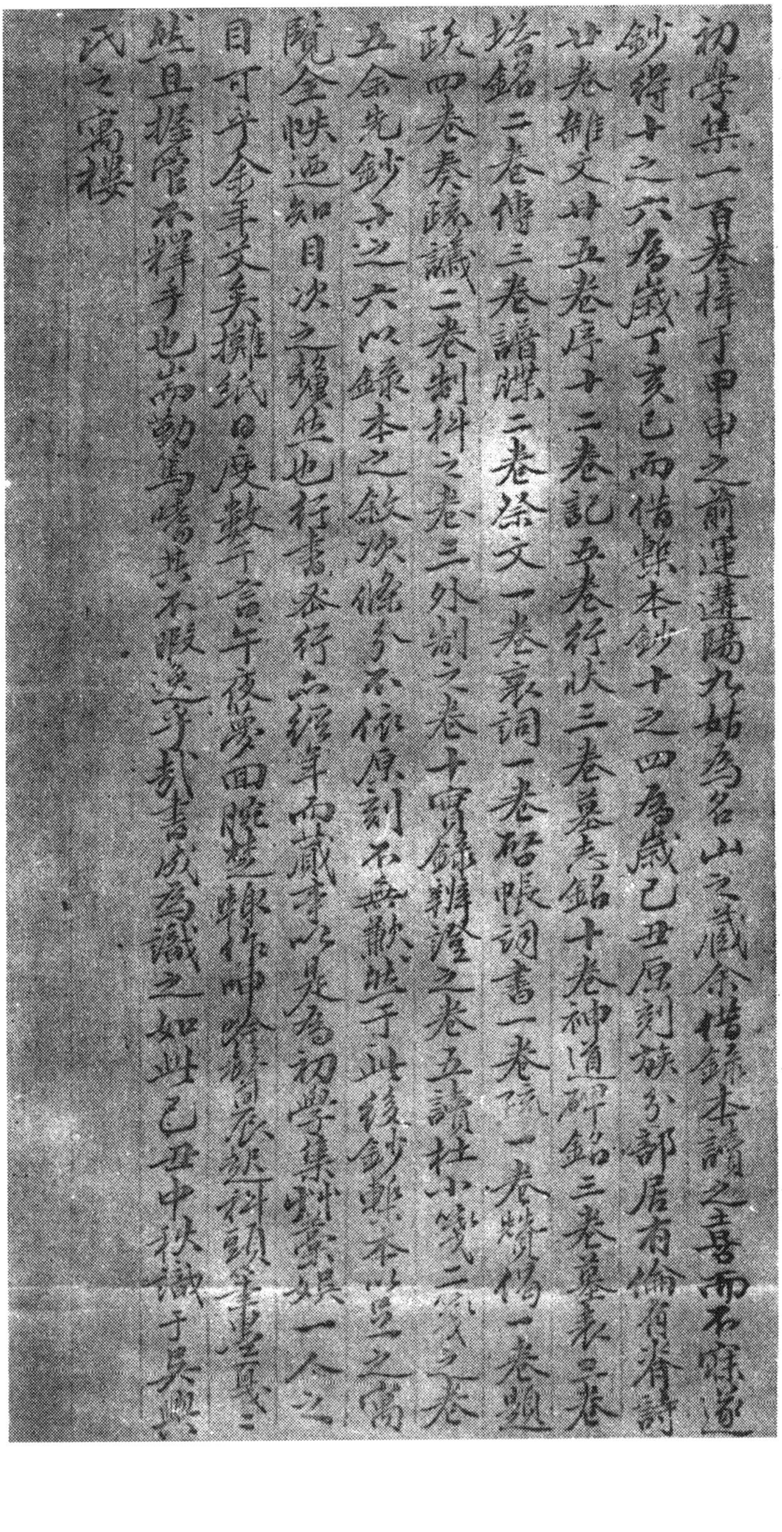
初學集一百卷梓于甲申之前運遘陽九始為名山之藏余借錄本讀之喜而不寐遂
鈔得十之六為歲丁亥己丑而借錄本鈔十之四為歲己丑原刻缺乃部居有倫有脊詩
廿卷雜文廿五卷序十二卷記五卷行狀三卷墓志銘十卷神道碑銘三卷墓表二卷
塔銘二卷傳三卷譜牒二卷祭文一卷哀詞一卷啓帳詞書一卷疏一卷贊偈一卷題
跋四卷奏疏議二卷制科之卷三外制之卷十實錄辨證之卷五讀杜小箋二箋又之卷
五余先鈔十之六以錄本之敘次條分不依原刻不無歉然于此後鈔錄本始見之寓
覽全帙遍知目次之類在也行書丞行六經年而藏事以是為初學集卅寮娘一人之
目可于余手文矣攤紙日度數千言午夜燈回腕蚪蝶作蚓吟賦袁蘇詩頭年老畫貳三
然且握管不釋手也亦可以勸焉嗟其不暇逸乎哉書成為識之如此乙丑中秋識于吳興
氏之寓樓

初學集

還朝詩集上 起泰昌元年九月

九月初二日奉

神宗顯皇帝遺詔於京口成服哭臨恭賦挽詞四首

竹符頒郡國。玉几罷音徽。率土悲風動。敷天泣露晞。清宵明祕器。紅葉掩容衣。慟哭江城暮。秋笳起落暉。

太社臨雨散。甘盤學稼回。指江陵張相 營齋嘗念母。步禱爲憂民。靜攝周函夏。分封斷兕神。南郊傳罷後。衆業屬何人。

在宥群方理。高居庶物新。天爲摧醜虜。閱白平秀吉自斃 地不受金銀。言開採之役 楊柳深宮月。梧桐別院春。昇平多故事。載筆詢遺民。

北極升遐日。南徐慟哭時。攀髯生有願。臨穴死無期。侍從朱衣隔。臚傳玉筆遺。奈老吾笑散。六欲報恩私。

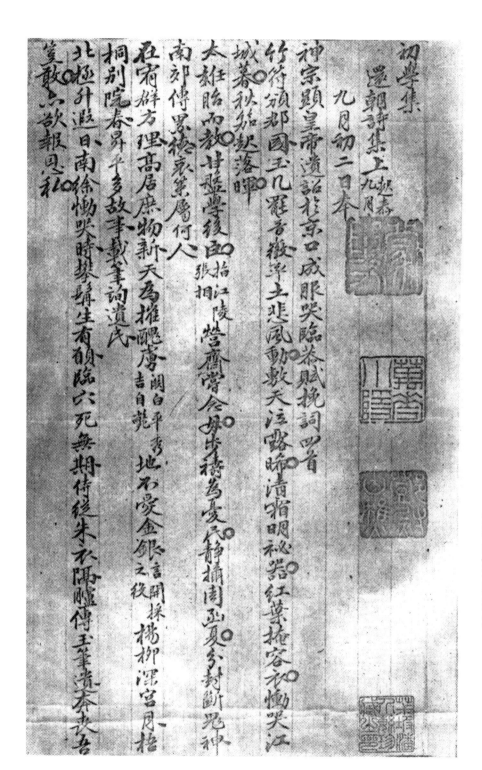

南滁望滁陽王廟遂趨臨濠道中感而有述

我車出南滁。遂走臨濠道。帝鄉多白雲。王侯盡宿草。緬懷滁陽王。一旅起偏保。真龍潛魚服。拊塗附蘿蔦。家人當帝后。天子呼翁媼。靖〻業資龍。興殘軀沒□□。廟貌良已隆。血紛〻終莫考。陵墟碑故傳。主馬塞田者。嘯歌感牧豎。悄悵詢父老。我觀年時初。群雄起大寶。遂滁分犄角。採能競鱗爪。真人信天授。詎能一切掃。收拾蕩泰岱。銅馬陷漢道。赫〻高光業。驅除豈云小。滁陽追王陟。亮都紀年渺。史存有諱忌。國社無總紹。故事亥豕譌。殘書蠹魚飽。喜哉秦楚際。遷史著月表。寄語石室人。故失幸搜討。

臨淮田舍題壁贈王唯年

坦腹便〻胥十圍。鐵衣拋卻臥牛衣。恨君不及三公水。生取又見合赤歸

彭城道中寄懷里中游好次坡公在徐寄邦直子由之韻四首

少小論交杵臼間。十年漂泊並郊原。燈窗颯〻秋風多。簾閣蕭〻暮雨喧。笑口嘲嘩非角勢。書藏猴精酒杯翻。停車欲作相尋夢。睡眼揩時淚已吞。

王烟客墨蹟（見故宮名畫三百種）